Taş Devri Mutfağı

Lezzetli Paleo Yemek Tarifleri

Deniz Karahan

İçindekiler

Rendelenmiş kök sebzeli ızgara şerit biftekler 11
Asya dana eti ve sebze tavada kızartma 13
Asya slather ve sebzeli sedir filetosu 15
Karnabahar peperonata ile Fırında Tri-Tip biftek 18
Mantar-Dijon soslu yassı biftek au Poivre 20
biftek 20
Sos   20
Karamelize soğan ve salsa salatası ile ızgara yassı biftek 23
biftek 23
salsa salatası 23
Karamelize edilmiş soğanlar 23
Otlu Soğan ve Sarımsaklı "Tereyağı" ile Izgara Antrikot 26
Izgara pancarlı antrikot salatası 28
Buharda pişirilmiş zencefilli lahana ile Kore tarzı kısa kaburga 30
Narenciye-rezene Gremolata ile dana kısa kaburga 33
pirzola 33
Bir tavada pişmiş kabak 33
Gremolata 33
Hardallı dereotlu salatalık salatası ile İsveç usulü sığır köftesi 36
Salatalık salatası 36
Sığır köftesi 36
Kavrulmuş kök sebzeli roka üzerinde Haşlanmış Beefburger 40
Susam domatesli ızgara Beefburger 43
Baba Ghanoush soslu çubuk burgerler 45
Füme doldurulmuş tatlı biber 47
Cabernet Soğan ve Roka ile Bison Burger 49
Pazı ve tatlı patates üzerinde bizon ve kuzu eti 52
Kabak pappardelle ile elma-kuş üzümü-soslu bizon köfte 55
Köfteler 55
Elma-kuş üzümü sosu 55
kabak pappardelle 55

Bizon-Porcini Bolognese, kavrulmuş sarımsak ve spagetti kabağı ile 58
Bison Chili con Carne 60
Izgara limonlu Fas baharatlı bizon bifteği 62
Provençal otlar - Fırında bizon bonfile 63
Mandalina gremolata ve kereviz kökü püresi ile kahvede kavrulmuş bizon kısa
    kaburga 65
turşusu 65
güveç 65
Dana kemik suyu 68
Baharatlar ve baharatlı tatlı patates kızartması ile Tunus domuz omzu 70
Domuz eti 70
Kızartma 70
Küba ızgara domuz omzu 73
sebzeli İtalyan baharatlı domuz rostosu 76
Yavaş pişirilmiş domuz köstebeği 78
Kimyon baharatı ile domuz eti ve balkabağı yahnisi 80
Brendi soslu meyveli üst karaciğer 82
pişiriyoruz 82
Brendi sosu 82
Porchetta usulü kızarmış domuz eti 85
Tomatillo üzerinde kavrulmuş domuz filetosu 87
Kayısı ile doldurulmuş domuz bebek 89
Çıtır sarımsak yağı ile bitki kabuğu üzerinde domuz bonfile 91
Hindistan cevizi soslu Hint baharatlı domuz eti 92
Baharatlı elma ve kestane ile Domuz Scaloppini 93
Fajita domuz kızartması 96
Liman ve kuru erik ile domuz bonfile 97
Hızlı Salamura Sebzeli Salata Kaselerinde Moo Shu Usulü Domuz Eti 99
Turşuluk sebzeler 99
Domuz eti 99
Macadamia fıstığı, adaçayı, incir ve patates püresi ile domuz pirzolası 101
Biberiye ve Lavanta ile Tavada Kavrulmuş Domuz Pirzolası, Üzüm ve Kızarmış
    Ceviz ile 103
Izgara brokoli Rabe ile domuz pirzolası alla Fiorentina 105
Escarole ile doldurulmuş domuz pirzolası 107

Dijon cevizli kabuklu domuz pirzolası 110
Böğürtlen ıspanak salatası ile domuz eti 111
Tatlı ve ekşi kırmızı lahana ile domuz şinitzel 113
Lahana 113
Domuz eti 113
Elma-hardal paspas soslu füme bebek sırt kaburgaları 115
pirzola 115
Sos   115
Taze ananas salatası ile kırsal tarzda ızgara domuz kaburga 118
Baharatlı domuz güveç 120
Gulaş 120
Lahana 120
Kıyılmış rezene ve sotelenmiş soğan ile Marinara İtalyan sosisli köfte 122
Köfteler 122
yat limanı 122
Fesleğen ve çam fıstığı ile domuz eti ile doldurulmuş kabak tekneleri 124
Hindistan cevizi sütü ve otlar ile köri ve ananas 'erişte' kaseleri 126
Baharatlı salatalık salatası ile baharatlı ızgara domuz köftesi 128
Kurutulmuş domates pesto, tatlı biber ve İtalyan sosisi ile kabak kabuklu pizza .. 130
Izgara kuşkonmaz ile füme limon-kişniş kuzu budu 133
Kuzu güveç 135
Kereviz ve kök erişte ile kuzu yahnisi 137
Nar-hurma turşusu ile Fransız kuzu pirzolası 139
Hint turşusu 139
Kuzu pirzola 139
Chimichurri Kavrulmuş hindiba ile kuzu pirzola 141
Hamsi-adaçayı ve havuç-tatlı patates remoulade ile kuzu pirzola 143
Arpacık soğan, nane ve kekik ile kuzu pirzola 145
Kuzu 145
salata 145
Bahçede kırmızı biberli sos ile doldurulmuş kuzu burgerler 147
Kırmızı Biber Sosu 147
Burgerler 147
Tzatziki soslu duble kekikli kuzu kebap 150
Kuzu Kebap 150

Cacık Sosu 150
safran ve limon ile fırında tavuk 152
Jicama Lahana Salatası ile baharatlı tavuk 154
Tavuk 154
lahana salatası 154
Votka, havuç ve domates soslu kavrulmuş tavuk budu 157
Poulet Rôti ve Rutabaga Frites 159
Coq au Vin, üç mantar ve rutabagas chive püre ile 161
Şeftali-Brendi-Sırlı çubuklar 164
Şeftali brendi sır 164
Mango-kavun salatası ile Şili'de marine edilmiş tavuk 166
Tavuk 166
salata 166
Salatalık Raita ile Tandoori Tavuk Uyları 169
Tavuk 169
Salatalık 169
Kök sebzeler, kuşkonmaz ve yeşil elma ve nane ile köri tavuk yahnisi 171
Ahududu, pancar ve kavrulmuş badem ile ızgara Paillard tavuk salatası 173
Taze domates sosu ve Sezar salatası ile brokoli Rabe ile doldurulmuş tavuk göğsü
.... 176
Baharatlı sebzeler ve çam sosu ile ızgara tavuk shawarma dürüm 178
Fırında mantarlı tavuk göğsü, sarımsaklı karnabahar püresi ve kavrulmuş
  kuşkonmaz 180
Tay usulü tavuk çorbası 182
Hindiba ile limon ve adaçayı ile fırında tavuk 184
Soğan, su teresi ve turplu tavuk 187
tavuk tikka masala 189
Ras el Hanout Tavuk butları 192
Kızarmış Ispanak Üzerine Yıldız Meyveli Adobo Tavuk Uyları 194
Chipotle Mayo ile Tavuk-Poblano Lahana Tacos 196
Bebek havuç ve Bok Choy ile tavuk yahnisi 198
Salata dürümlerinde kaju-portakallı tavuk ve tatlı biberi soteleyin 200
Vietnam Hindistan Cevizli Limonlu Tavuk 202
Izgara tavuk ve elma escarole salatası 205
lahana şeritler ile Toskana tavuk çorbası 207

Tavuk Larb 209
Szechwan kaju soslu tavuk burgerler 211
Szechwan Kaju sosu 211
Hindi Tavuk Dürümleri 213
İspanyol Cornish tavukları 215
Roka, kayısı ve rezene salatası ile Antep fıstığı kavrulmuş Cornish tavukları ... 217
Nar ve Jicama salatası ile ördek göğsü 220

RENDELENMİŞ KÖK SEBZELİ IZGARA ŞERIT BIFTEKLER

HAZIRLIK:20 dakika ayakta: 20 dakika ızgara: 10 dakika ayakta: 5 dakika miktar: 4 porsiyon

ŞERIT BIFTEKLERIN ÇOK INCE BIR DOKUSU VARDIR,VE BIFTEĞIN BIR TARAFINDAKI KÜÇÜK YAĞ ŞERIDI IZGARADA ÇITIR ÇITIR VE DUMANLI OLACAKTIR. HAYVANSAL YAĞ HAKKINDAKI DÜŞÜNCELERIM ILK KITABIMDAN BU YANA DEĞIŞTI. THE PALEO DIET®'IN TEMEL ILKELERINE BAĞLI KALIRSANIZ VE DOYMUŞ YAĞLARI GÜNLÜK KALORILERINIZIN YÜZDE 10 ILA 15'I ARASINDA TUTARSANIZ, KALP HASTALIĞI RISKINIZI ARTIRMAZ, HATTA TAM TERSI DOĞRU OLABILIR. YENI BILGILER, LDL KOLESTEROLÜ YÜKSELTMENIN ASLINDA KALP HASTALIĞI IÇIN BIR RISK FAKTÖRÜ OLAN SISTEMIK INFLAMASYONU AZALTABILECEĞINI DÜŞÜNDÜRMEKTEDIR.

3 kaşık sızma zeytinyağı

2 yemek kaşığı rendelenmiş taze yaban turpu

1 tatlı kaşığı ince rendelenmiş portakal kabuğu

½ çay kaşığı öğütülmüş kimyon

½ çay kaşığı karabiber

Yaklaşık 1 inç kalınlığında dilimlenmiş 4 şerit biftek (üst fileto da denir)

2 orta boy yaban havucu, soyulmuş

1 büyük tatlı patates, soyulmuş

1 orta boy pancar, soyulmuş

1 veya 2 arpacık soğan, ince kıyılmış

2 diş sarımsak, kıyılmış

1 yemek kaşığı kıyılmış taze kekik

1. Küçük bir kapta 1 yemek kaşığı yağ, yaban turpu, portakal kabuğu, kimyon ve ¼ çay kaşığı yenibaharı karıştırın.

Karışımı bifteklerin üzerine yayın; örtün ve oda sıcaklığında 15 dakika bekletin.

2. Bu arada, haşlama için yaban havucu, tatlı patates ve pancarı rende veya rende bıçağı olan bir mutfak robotu kullanarak rendeleyin. Kıyılmış sebzeleri büyük bir kaseye koyun; arpacık ekleyin. Küçük bir kapta kalan 2 yemek kaşığı yağı, kalan ¼ çay kaşığı biberi, sarımsağı ve kekiği birleştirin. Sebzelerin üzerine gezdirin; iyice karıştırmak için karıştırın. 18 × 18 inçlik bir folyonun çift kalınlığını elde etmek için 36 × 18 inçlik bir ağır hizmet folyosunu ikiye katlayın. Sebze karışımını folyonun ortasına yerleştirin; folyonun karşılıklı kenarlarını kaldırın ve çift katla kapatın. Sebzeleri tamamen kapatmak ve buhar için yer bırakmak için kalan kenarları katlayın.

3. Kömürlü veya gazlı ızgara için, biftekleri ve folyoyu doğrudan orta ateşte ızgara rafına yerleştirin. Bifteklerin üzerini kapatın ve orta-az pişmiş (145°F) sıcaklıkta 10 ila 12 dakika veya orta sıcaklıkta (160°F) 12 ila 15 dakika boyunca ızgaranın ortasında bir kez çevirerek ızgara yapın. Paketi 10 ila 15 dakika veya sebzeler yumuşayana kadar ızgara yapın. Sebzeler pişerken biftekleri 5 dakika dinlendirin. Sebze haşlamasını dört servis tabağına paylaştırın; biftek ile üst.

ASYA DANA ETI VE SEBZE TAVADA KIZARTMA

HAZIRLIK:30 dakika pişirme: 15 dakika miktar: 4 porsiyon

BEŞ BAHARAT TOZU, TUZSUZ BAHARAT KARIŞIMIDIR.ÇIN MUTFAĞINDA YAYGIN OLARAK KULLANILIR. EŞIT MIKTARDA ÖĞÜTÜLMÜŞ TARÇIN, KARANFIL, REZENE TOHUMU, YILDIZ ANASON VE SZECHUAN BIBERINDEN OLUŞUR.

1½ pound kemiksiz dana bonfile veya kemiksiz dana yuvarlak biftek, 1 inç kalınlığında dilimlenmiş

1½ çay kaşığı beş baharat tozu

3 yemek kaşığı rafine hindistan cevizi yağı

1 küçük kırmızı soğan, ince dilimlenmiş

1 küçük demet kuşkonmaz (yaklaşık 12 ons), kırpılmış ve 3 inçlik parçalar halinde kesilmiş

1½ su bardağı jülyen doğranmış turuncu ve/veya sarı havuç

4 diş sarımsak, kıyılmış

1 tatlı kaşığı ince rendelenmiş portakal kabuğu

¼ su bardağı taze portakal suyu

¼ bardak sığır kemik suyu (bkz. yemek tarifi) veya ilave tuz içermeyen et suyu

¼ fincan beyaz şarap sirkesi

¼ ila ½ çay kaşığı öğütülmüş kırmızı biber

8 su bardağı iri rendelenmiş napa lahana

½ su bardağı tuzsuz şerit badem veya tuzsuz kaba kıyılmış kaju fıstığı, kızartılmış (bkz. ipucu, sayfa 57)

1. İstenirse, daha kolay dilimlemek için sığır etini kısmen dondurun (yaklaşık 20 dakika). Sığır eti çok ince dilimler halinde kesin. Büyük bir kapta, sığır eti ve beş baharat tozunu birleştirin. Büyük bir wok veya ekstra büyük tavada 1 yemek kaşığı hindistancevizi yağını orta-yüksek ateşte ısıtın. Sığır etinin yarısını ekleyin; pişirin ve 3 ila 5

dakika veya kızarana kadar karıştırın. Sığır eti bir kaseye aktarın. Kalan sığır eti ve 1 yemek kaşığı yağ ile tekrarlayın. Sığır eti, pişmiş sığır etinin geri kalanıyla birlikte bir kaseye aktarın.

2. Kalan 1 çorba kaşığı yağı aynı tavaya ekleyin. soğan ekleyin; 3 dakika karıştırarak pişirin. Kuşkonmaz ve havuç ekleyin; 2 ila 3 dakika veya sebzeler gevrekleşinceye kadar pişirin ve karıştırın. Sarımsak ekleyin; pişirin ve 1 dakika daha karıştırın.

3. Sos için portakal kabuğu rendesi, portakal suyu, dana kemik suyu, sirke ve toz kırmızıbiberi küçük bir kapta karıştırın. Wok tavasındaki sebzelere sosu ve tüm dana etini suyuyla birlikte kaseye ekleyin. Pişirin ve 1 ila 2 dakika veya tamamen ısınana kadar karıştırın. Oluklu bir kaşık kullanarak, sığır eti ve sebzeleri büyük bir kaseye aktarın. Sıcak tutmak için örtün.

4. Sosu üstü açık olarak kısık ateşte 2 dakika pişirin. lahana ekleyin; 1 ila 2 dakika veya lahana soluncaya kadar pişirin ve karıştırın. Lahanayı ve pişirme suyunu dört servis tabağına paylaştırın. Et karışımını üstüne eşit şekilde dökün. Fındık serpin.

ASYA SLATHER VE SEBZELI SEDIR FILETOSU

EMMEK:1 saat hazırlama: 40 dakika ızgara: 13 dakika ayakta: 10 dakika miktar: 4 porsiyon.

NAPA LAHANASINA BAZEN ÇIN LAHANASI DENIR. PARLAK SARI-YEŞIL UÇLU, GÜZEL KIVRILMIŞ KREM RENKLI YAPRAKLARI VARDIR. YUVARLAK BAŞLI LAHANANIN MUMSU YAPRAKLARINDAN OLDUKÇA FARKLI OLAN HAFIF, NARIN BIR TADA VE DOKUYA SAHIPTIR VE ŞAŞIRTICI BIR ŞEKILDE ASYA TARZI YEMEKLERIN DOĞAL BIR PARÇASIDIR.

1 büyük sedir tahtası
¼ ons kurutulmuş shiitake mantarı
¼ su bardağı ceviz yağı
2 çay kaşığı öğütülmüş taze zencefil
2 çay kaşığı öğütülmüş kırmızı biber
1 çay kaşığı ezilmiş Szechuan biberi
¼ çay kaşığı beş baharat tozu
4 diş sarımsak, kıyılmış
4 4 ila 5 ons dana bonfile biftek, ¾ ila 1 inç kalınlığında dilimlenmiş
Asya salatası (bkz. yemek tarifi, altında)

1. Izgara plakasını suya yerleştirin; tartın ve en az 1 saat bekletin.

2. Bu arada, Asya slater için, küçük bir kapta, kurutulmuş shiitake mantarlarını kaynar suyla kaplayın; yeniden nemlendirmek için 20 dakika bekletin. Mantarları süzün ve bir mutfak robotuna koyun. Ceviz yağı, zencefil, ezilmiş kırmızı biber, Szechuan biberi, beş baharat tozu ve sarımsağı ekleyin. Mantarlar kıyılmış ve malzemeler

birleşene kadar üzerini kapatıp işlemden geçirin;
Bırakmak.

3. Izgara plakasını boşaltın. Bir kömür ızgarası için, ızgaranın çevresine orta derecede sıcak kömürler yerleştirin. Izgara plakasını doğrudan kömürlerin üzerine yerleştirin. Örtün ve 3 ila 5 dakika veya tahta çatırdamaya ve duman çıkarmaya başlayana kadar ızgara yapın. Biftekleri ızgara ızgarasına doğrudan kömürlerin üzerine yerleştirin; 3 ila 4 dakika veya kızarana kadar ızgara yapın. Biftekleri kızartılmış tarafı yukarı gelecek şekilde bir tabağa aktarın. Tahtayı ızgaranın ortasına yerleştirin. Asian Slather'ı biftekleirn arasına paylaştırın. Örtün ve 10 ila 12 dakika veya bifteklere yatay olarak yerleştirilen anında okunan bir termometre 130 ° F'yi gösterene kadar ızgara yapın. (Gazlı ızgara için ızgarayı önceden ısıtın. Isıyı ortama düşürün. Damlanmış tahtayı ızgara rafına yerleştirin; üzerini örtün ve 3 ila 5 dakika veya tahta çatlayıp duman çıkana kadar ızgara yapın. Biftekleri ızgara ızgarasına 3 ila 4 dakika veya biftekleri kızartılmış tarafları yukarı gelecek şekilde tabağa aktarana kadar yerleştirin. Izgarayı dolaylı pişirmeye ayarlayın; plakayı biftekler kapalı olarak ocağa koyun. Slather'ı biftekler arasında bölün. Örtün ve 10 ila 12 dakika veya bifteklere yatay olarak yerleştirilen anında okunan bir termometre 130 ° F okuyana kadar ızgara yapın.)

4. Biftekleri ızgaradan çıkarın. Biftekleri gevşek bir şekilde folyo ile kaplayın; 10 dakika bekletin. Biftekleri ¼ inç kalınlığında dilimler halinde kesin. Biftekleri Asya salatası ile servis edin.

Asya Salatası: Büyük bir kapta, ince dilimlenmiş 1 orta boy napa lahanayı atın; 1 su bardağı ince kıyılmış kırmızı lahana; 2 havuç, soyulmuş ve jülyen şeritler halinde kesilmiş; 1 adet kırmızı veya sarı tatlı biber, çekirdekleri çıkarılmış ve çok ince dilimlenmiş; 4 soğan, ince dilimlenmiş; 1 ila 2 serrano chiles, doğranmış ve doğranmış (bkz. uç); 2 yemek kaşığı kıyılmış kişniş; ve 2 yemek kaşığı kıyılmış nane. Sos için 3 yemek kaşığı taze limon suyu, 1 yemek kaşığı rendelenmiş taze zencefil, 1 diş kıyılmış sarımsak ve ⅛ çay kaşığı beş baharat tozunu bir mutfak robotu veya karıştırıcıda birleştirin. Pürüzsüz olana kadar örtün ve işleyin. İşlemci çalışırken, yavaş yavaş ½ fincan ceviz yağı ekleyin ve pürüzsüz olana kadar işleyin. 1 adet ince dilimlenmiş kuru soğanı sosa ilave edin. Meyane ile gezdirin ve kaplamak için fırlatın.

KARNABAHAR PEPERONATA ILE FIRINDA TRI-TIP BIFTEK

HAZIRLIK: 25 dakika pişirme: 25 dakika miktar: 2 porsiyon

PEPERONATA GELENEKSEL OLARAK YAVAŞ KAVRULMUŞ BIR RAGUDUR. SOĞAN, SARIMSAK VE OTLAR ILE TATLI BIBER. KARNABAHARLA DAHA DOYURUCU OLAN BU HIZLI KIZARMIŞ VERSIYON, HEM MEZE HEM DE GARNITÜR OLARAK ÇALIŞIR.

- 2 4 ila 6 ons üç uçlu biftek, ¾ ila 1 inç kalınlığında dilimlenmiş
- ¾ çay kaşığı karabiber
- 2 kaşık sızma zeytinyağı
- 2 kırmızı ve/veya sarı tatlı biber, tohumlanmış ve dilimlenmiş
- 1 adet ince dilimlenmiş arpacık soğan
- 1 çay kaşığı Akdeniz baharatı (bkz. yemek tarifi)
- 2 su bardağı küçük karnabahar çiçeği
- 2 yemek kaşığı balzamik sirke
- 2 çay kaşığı kıyılmış taze kekik

1. Biftekleri kağıt havluyla kurulayın. Bifteklerin üzerine ¼ çay kaşığı karabiber serpin. Orta-yüksek ateşte büyük bir tavada 1 yemek kaşığı yağı ısıtın. Tavaya biftek ekleyin; ısıyı orta seviyeye düşürün. Biftekleri ara sıra çevirerek orta-az pişmiş (145°F) için 6 ila 9 dakika pişirin. (Et çok çabuk kızarırsa ısıyı azaltın.) Biftekleri tavadan alın; sıcak tutmak için gevşek bir şekilde folyo ile örtün.

2. Kalan 1 çorba kaşığı yağı peperonata için tavaya ekleyin. Tatlı biber ve arpacık ekleyin. Akdeniz baharatı serpin. Orta ateşte yaklaşık 5 dakika veya ara sıra karıştırarak biberler yumuşayana kadar pişirin. Karnabahar, balzamik sirke, kekik ve kalan ½ çay kaşığı karabiberi ekleyin.

Örtün ve ara sıra karıştırarak 10 ila 15 dakika veya karnabahar yumuşayana kadar pişirin. Biftekleri tavaya geri koyun. Peperonata karışımını bifteklerin üzerine dökün. Hemen servis yapın.

MANTAR-DIJON SOSLU YASSI BIFTEK AU POIVRE

HAZIRLIK: 15 dakika pişirme: 20 dakika miktar: 4 porsiyon

BU MANTAR SOSLU FRANSIZ ESINTILI BIFTEK 30 DAKIKADAN BIRAZ DAHA UZUN BIR SÜREDE MASADA OLABILIR, BU DA ONU HAFTA IÇI HIZLI BIR AKSAM YEMEGI IÇIN HARIKA BIR SEÇIM HALINE GETIRIR.

BIFTEK

3 kaşık sızma zeytinyağı
1 kiloluk küçük kuşkonmaz mızrakları, kesilmiş
4 6 ons yassı biftek (kemiksiz dana omuz)*
2 yemek kaşığı kıyılmış taze biberiye
1½ çay kaşığı öğütülmüş karabiber

SOS

8 ons dilimlenmiş taze mantar
2 diş sarımsak, kıyılmış
½ su bardağı dana kemik suyu (bkz. yemek tarifi)
¼ fincan sek beyaz şarap
1 yemek kaşığı Dijon usulü hardal (bkz. yemek tarifi)

1. Büyük bir tavada 1 çorba kaşığı yağı orta-yüksek ateşte ısıtın. kuşkonmaz ekleyin; 8 ila 10 dakika veya gevrek olana kadar pişirin, yanmayı önlemek için talaşları ara sıra çevirin. Kuşkonmazı bir tabağa aktarın; sıcak tutmak için folyo ile örtün.

2. Biftekleri biberiye ve karabiber serpin; parmaklarınızla ovalayın. Aynı tavada kalan 2 yemek kaşığı yağı orta-yüksek ateşte ısıtın. biftek ekleyin; ısıyı orta seviyeye düşürün. Eti ara sıra çevirerek orta pişmiş sıcaklıkta

(145°F) 8 ila 12 dakika pişirin. (Et çok çabuk kızarırsa ısıyı azaltın.) Eti tavadan alın ve süzün. Biftekleri sıcak tutmak için folyo ile gevşek bir şekilde örtün.

3. Sos yapmak için, tava damlacıklarına mantar ve sarımsak ekleyin; ara sıra karıştırarak yumuşayana kadar pişirin. Et suyu, şarap ve Dijon hardalı ekleyin. Orta ateşte pişirin, tavanın altındaki kızartılmış parçaları kazıyın. kaynatın; 1 dakika daha pişirin.

4. Kuşkonmazı dört tabağa bölün. Biftek ile doldurun; kaşık biftek sosu.

*Not: 6 onsluk yassı biftek bulamazsanız, iki adet 8-12 onsluk biftek alın ve dört biftek yapmak için ikiye bölün.

KARAMELIZE SOĞAN VE SALSA SALATASI ILE IZGARA YASSI BIFTEK

HAZIRLIK:Marine etmek için 30 dakika: Pişirmek için 2 saat: Soğutmak için 20 dakika: Izgara yapmak için 20 dakika: Hazırlamak için 45 dakika: 4 porsiyon

YASSI DEMIR BIFTEK NISPETEN YENISADECE BIRKAÇ YIL ÖNCE GELIŞTIRILEN BIR KESIM. AYNANIN BIÇAĞIN YANINDAKI KOKULU KISMINDAN OYULMUŞ, ŞAŞIRTICI DERECEDE PÜRÜZSÜZ VE TADI OLDUĞUNDAN ÇOK DAHA PAHALI - BU MUHTEMELEN POPÜLARITESINDEKI HIZLI ARTIŞI AÇIKLIYOR.

BIFTEK

⅓ su bardağı taze limon suyu
¼ su bardağı sızma zeytinyağı
¼ bardak iri kıyılmış kişniş
5 diş sarımsak, kıyılmış
4 6 ons yassı biftek (kemiksiz dana omuz).

SALSA SALATASI

1 (İngiliz) çekirdeksiz salatalık (gerekirse soyulmuş), doğranmış
1 su bardağı doğranmış üzüm domates
½ su bardağı doğranmış kırmızı soğan
½ su bardağı iri kıyılmış kişniş
1 poblano biber, çekirdekleri çıkarılmış ve doğranmış (bkz.uç)
1 adet jalapeño, çekirdekleri çıkarılmış ve kıyılmış (bkz.uç)
3 yemek kaşığı taze limon suyu
2 kaşık sızma zeytinyağı

KARAMELIZE EDILMIŞ SOĞANLAR

2 kaşık sızma zeytinyağı
2 büyük tatlı soğan (Maui, Vidalia, Texas Sweet veya Walla Walla gibi)
½ çay kaşığı öğütülmüş chipotle acı biber

1. Biftek için, biftekleri sığ bir tabağa yerleştirilmiş ağzı kapatılabilir bir plastik torbaya koyun; Bırakmak. Küçük bir kapta limon suyu, yağ, kişniş ve sarımsağı birleştirin; biftekleri torbaya koyun. Kilitleme torbası; cekete dön. Buzdolabında 2 saat marine edin.

2. Salata için salatalık, domates, soğan, kişniş, poblano ve jalapeño'yu geniş bir kapta birleştirin. Birleştirmek için atın. Sos için küçük bir kapta limon suyu ve zeytinyağını çırpın. Sosu sebzelerin üzerine gezdirin; bir ceket atmak için. Servis zamanına kadar örtün ve soğutun.

3. Soğan için fırını 400°F'ye ısıtın. Hollandalı bir fırının içini biraz zeytinyağı ile fırçalayın; Bırakmak. Soğanı uzunlamasına ikiye bölün, kabuğunu çıkarın, ardından ¼ inç kalınlığında çapraz olarak dilimleyin. Hollandalı bir fırında kalan zeytinyağı, soğan ve chipotle chili'yi birleştirin. Örtün ve 20 dakika pişirin. Ortaya çıkarın ve yaklaşık 20 dakika soğumaya bırakın.

4. Soğutulmuş soğanı folyo ızgara torbasına koyun veya soğanı folyonun iki katı kalınlığında sarın. Folyonun üst kısmını kürdan ile birkaç yerinden delin.

5. Kömürlü ızgara için, ızgaranın çevresine orta derecede sıcak kömürler yerleştirin. Izgara merkezinin üzerinde orta ısıyı test edin. Paketi ızgara ızgarasının ortasına yerleştirin. Örtün ve yaklaşık 45 dakika veya soğanlar yumuşak ve kehribar rengi olana kadar ızgara yapın. (Gazlı ızgara için ızgarayı önceden ısıtın. Isıyı ortama düşürün. Dolaylı ızgaraya ayarlayın. Paketi kapalı brülöre yerleştirin. Belirtildiği gibi örtün ve ızgara yapın.)

6. Biftekleri turşudan çıkarın; turşuyu atın. Kömür ızgarası veya gazlı ızgara için, biftekleri orta-yüksek ateşte doğrudan ızgara ızgarasına yerleştirin. Örtün ve 8 ila 10 dakika veya bifteklere yatay olarak yerleştirilen anında okunan bir termometre bir kez dönerek 135 ° F'yi gösterene kadar ızgara yapın. Biftekleri bir tabağa aktarın, gevşek bir şekilde folyo ile örtün ve 10 dakika bekletin.

7. Servis yapmak için salsayı dört servis tabağına paylaştırın. Biftekleri her bir tabağa yerleştirin ve üzerine bir yığın karamelize soğan koyun. Hemen servis yapın.

Hazırlama talimatları: Salsa salatası hazırlanıp servis edilmeden önce 4 saate kadar soğumaya bırakılabilir.

OTLU SOĞAN VE SARIMSAKLI "TEREYAĞI" ILE IZGARA ANTRIKOT

HAZIRLIK:10 dakika pişirme: 12 dakika soğutma: 30 dakika ızgara: 11 dakika miktar: 4 porsiyon

IZGARADAN ÇIKAN BIFTEKLERIN ISISI ERIYECEKHINDISTANCEVIZI YAĞI VE ZEYTINYAĞINDAN OLUŞAN ZENGIN BIR KARIŞIMDA SÜSPANSE EDILMIŞ KARAMELIZE SOĞAN, SARIMSAK VE BITKI YIĞINLARI.

2 yemek kaşığı rafine edilmemiş hindistancevizi yağı

1 küçük soğan, ikiye bölünmüş ve çok ince dilimlenmiş (yaklaşık ¾ bardak)

1 diş sarımsak, çok ince dilimler halinde kesin

2 kaşık sızma zeytinyağı

1 yemek kaşığı kıyılmış taze maydanoz

2 çay kaşığı kıyılmış taze kekik, biberiye ve/veya kekik

4 8 ila 10 ons dana antrikot biftek, 1 inç kalınlığında dilimlenmiş

½ çay kaşığı taze çekilmiş karabiber

1. Orta boy bir tavada hindistancevizi yağını kısık ateşte eritin. soğan ekleyin; ara sıra karıştırarak 10 ila 15 dakika veya hafifçe kızarana kadar pişirin. Sarımsak ekleyin; ara sıra karıştırarak 2 ila 3 dakika daha veya soğanlar altın rengi kahverengi olana kadar pişirin.

2. Soğan karışımını küçük bir kaseye aktarın. Zeytinyağı, maydanoz ve kekiği karıştırın. Buzdolabında, açıkta, 30 dakika boyunca veya karışım, toplandığında toplanacak kadar sert olana kadar ara sıra karıştırarak soğutun.

3. Bu arada biftekleri karabiber serpin. Kömür ızgarası veya gazlı ızgara için, biftekleri doğrudan orta ateşte ızgara ızgarasına yerleştirin. Orta-az pişmiş (145°F) için üzerini

kapatın ve 11 ila 15 dakika veya orta (160°F) için 14 ila 18 dakika ızgara yapın, ızgaranın ortasında bir kez çevirin.

4. Servis yapmak için her bir bifteği servis tabağına alın. Hemen soğan karışımını bifteklerin üzerine eşit şekilde kaşıklayın.

IZGARA PANCARLI ANTRIKOT SALATASI

HAZIRLIK:20 dakika ızgara: 55 dakika bekleme süresi: 5 dakika miktar: 4 porsiyon

PANCARIN DÜNYEVI TADI GÜZELCE KARIŞIRPORTAKALLARIN TATLILIĞI VE KAVRULMUŞ CEVIZLER, SICAK BIR YAZ GECESINDE DIŞARIDA YEMEK IÇIN MÜKEMMEL OLAN BU ANA YEMEK SALATASINA BIRAZ GEVREKLIK KATIYOR.

1 kiloluk orta boy altın ve/veya pancar, temizlendi, temizlendi ve dilimler halinde kesildi

1 küçük soğan, ince dilimlenmiş

2 dal taze kekik

1 yemek kaşığı sızma zeytinyağı

kırık karabiber

2 8 ons kemiksiz dana antrikot biftek, ¾ inç kalınlığında dilimlenmiş

2 diş sarımsak, ikiye bölünmüş

2 yemek kaşığı Akdeniz baharatı (bkz.yemek tarifi)

6 su bardağı karışık sebze

2 portakal, soyulmuş, dilimlenmiş ve iri doğranmış

½ su bardağı kıyılmış ceviz, kızartılmış (bkz.uç)

½ fincan Bright Citrus Vinaigrette (bkz.yemek tarifi)

1. Pancarları, soğanları ve kekik dallarını folyoya yerleştirin. Yağ gezdirin ve fırlatın; hafifçe öğütülmüş karabiber serpin. Kömür veya gazlı ızgara için tavayı ızgara ızgarasının ortasına yerleştirin. Örtün ve 55 ila 60 dakika veya ara sıra karıştırarak bir bıçakla delinene kadar yumuşayana kadar ızgara yapın.

2. Bu sırada bifteğin her iki tarafını da sarımsağın kesik tarafıyla ovun; Akdeniz biberi serpin.

3. Bifteklere yer açmak için pancarları ızgaranın ortasından alın. Biftekleri doğrudan orta ateşte ızgaraya ekleyin. Orta-az pişmiş (145°F) için üzerini kapatın ve 11 ila 15 dakika veya orta (160°F) için 14 ila 18 dakika ızgara yapın, ızgaranın ortasında bir kez çevirin. Folyoyu ve biftekleri ızgaradan çıkarın. Biftekleri 5 dakika bekletin. Kekik dallarını folyodan atın.

4. Bifteği çapraz olarak ince ince dilimleyin. Sebzeleri dört servis tabağına paylaştırın. Üzerine dilimlenmiş biftek, pancar, soğan halkaları, doğranmış portakal ve cevizleri ekleyin. Parlak bir narenciye sosu ile gezdirin.

BUHARDA PIŞIRILMIŞ ZENCEFILLI LAHANA ILE KORE TARZI KISA KABURGA

HAZIRLIK:Pişirmek için 50 dakika: Pişirmek için 25 dakika: Soğutmak için 10 saat: gece boyunca Yapım: 4 porsiyon

HOLLANDALI FIRININIZIN KAPAĞININÇOK SIKI OTURUR, BÖYLECE ÇOK UZUN BIR KAYNAMA SÜRESI BOYUNCA PIŞIRME SIVISININ TAMAMI KAPAK ILE TENCERE ARASINDAKI BOŞLUKTAN BUHARLAŞMAZ.

1 ons kurutulmuş shiitake mantarı

1½ bardak doğranmış soğan

1 Asya armutu, soyulmuş, özlü ve doğranmış

1 3-inç parça taze zencefil, soyulmuş ve doğranmış

1 adet serrano acı biber, ince kıyılmış (gerekirse çekirdekleriyle birlikte) (bkz.uç)

5 diş sarımsak

1 yemek kaşığı rafine hindistan cevizi yağı

5 pound kemikli dana kısa kaburga

Taze çekilmiş karabiber

4 su bardağı dana kemik suyu (bkz.yemek tarifi) veya ilave tuz içermeyen et suyu

2 su bardağı doğranmış taze shiitake mantarı

1 yemek kaşığı ince rendelenmiş portakal kabuğu

⅓ bardak taze meyve suyu

Buğulanmış zencefilli lahana (bkz.yemek tarifi, altında)

İnce rendelenmiş portakal kabuğu (isteğe bağlı)

1. Fırını 325°F'ye ısıtın. Kurutulmuş şitaki mantarlarını küçük bir kaseye koyun; kaplayacak kadar kaynar su ekleyin. Yaklaşık 30 dakika veya rehidrate ve yumuşak olana kadar bekletin. Islatma sıvısını ayırarak boşaltın. Mantarları ince ince doğrayın. Mantarları küçük bir

kaseye koyun; 4. adımda ihtiyaç duyulana kadar üzerini kapatın ve soğutun. Mantarları ve sıvıyı bir kenara koyun.

2. Sos için yeşil soğan, armut, zencefil, serrano, sarımsak ve ayrılmış mantar ıslatma sıvısını bir mutfak robotunda birleştirin. Pürüzsüz olana kadar örtün ve işleyin. Sosu bir kenara koyun.

3. 6 litrelik bir Hollanda fırınında hindistancevizi yağını orta-yüksek ateşte ısıtın. Kısa kaburgaları taze çekilmiş karabiber serpin. Kaburgaları sıcak hindistancevizi yağında gruplar halinde yaklaşık 10 dakika veya her tarafı iyice kızarana kadar pişirin ve pişirme işleminin yarısında çevirin. Tüm kaburgaları tencereye geri koyun; sosu ve dana kemik suyunu ekleyin. Hollandalı fırını sıkı bir kapakla örtün. Yaklaşık 10 saat veya et çok yumuşayana ve kemikten düşene kadar kızartın.

4. Kaburgaları sostan dikkatlice çıkarın. Kaburgaları ve sosu ayrı kaselere koyun. Örtün ve gece boyunca soğutun. Soğuduktan sonra, sosun yüzeyindeki yağı alın ve atın. Sosu yüksek ateşte kaynatın; 1. adımdaki sulu mantarları ve taze mantarları ekleyin. Sosu azaltmak ve lezzeti yoğunlaştırmak için 10 dakika hafifçe pişirin. Kaburgaları sosa döndürün; ısıtılana kadar pişirin. 1 çorba kaşığı portakal kabuğu ve portakal suyunu karıştırın. Buğulanmış zencefilli lahana ile servis edilir. İstenirse ilave portakal kabuğu rendesi serpin.

Kızarmış Zencefilli Kale: Büyük bir tavada 1 yemek kaşığı rafine hindistancevizi yağını orta-yüksek ateşte ısıtın. 2 yemek kaşığı kıyılmış taze zencefil ekleyin; 2 diş sarımsak, kıyılmış; ve tatmak için öğütülmüş kırmızı biber. Kokulu olana kadar yaklaşık 30 saniye pişirin ve karıştırın. 6 bardak kıyılmış Napa, Savoy veya yeşil lahana ve soyulmuş, özlü ve ince dilimlenmiş 1 Asya armutunu ekleyin. 3 dakika veya lahana hafifçe soluncaya ve armut yumuşayana kadar pişirin ve karıştırın. ½ su bardağı şekersiz elma suyunu karıştırın. Örtün ve lahana yumuşayana kadar yaklaşık 2 dakika pişirin. ½ su bardağı doğranmış soğan ve 1 yemek kaşığı susam tohumlarını karıştırın.

NARENCIYE-REZENE GREMOLATA ILE DANA KISA KABURGA

HAZIRLIK: 40 dakika ızgara: 8 dakika yavaş pişirme: 9 saat (düşük) veya 4½ saat (yüksek) miktar: 4 porsiyon

GREMOLATA LEZZETLI BIR KARIŞIMDIR. ZENGIN, YAĞLI LEZZETINI AYDINLATMAK IÇIN KLASIK İTALYAN KIZARMIŞ DANA BUDU OLAN OSSO BUCCO'NUN ÜZERINE SERPILEN MAYDANOZ, SARIMSAK VE LIMON KABUĞU RENDESI. PORTAKAL KABUĞU RENDESI VE TAZE TÜYLÜ REZENE YAPRAKLARININ EKLENMESIYLE, BU YUMUŞAK DANA KISA KABURGALAR IÇIN DE AYNISINI YAPAR.

PIRZOLA
2½ ila 3 pound kemiksiz dana kısa kaburga
3 yemek kaşığı limon otu baharatı (bkz. yemek tarifi)
1 orta boy rezene ampulü
1 büyük soğan, büyük halkalar halinde kesilmiş
2 su bardağı dana kemik suyu (bkz. yemek tarifi) veya ilave tuz içermeyen et suyu
2 diş sarımsak, ikiye bölünmüş

BIR TAVADA PIŞMIŞ KABAK
3 kaşık sızma zeytinyağı
1 kilo balkabagi, soyulmuş, tohumlanmış ve ½ inçlik parçalar halinde kesilmiş (yaklaşık 2 bardak)
4 çay kaşığı kıyılmış taze kekik
Sızma zeytinyağı

GREMOLATA
¼ su bardağı kıyılmış taze maydanoz
2 kaşık kıyılmış sarımsak
1½ çay kaşığı ince rendelenmiş limon kabuğu
1½ çay kaşığı ince rendelenmiş portakal kabuğu

1. Kısa kaburgalara limon otu çeşnisi serpin; parmaklarınızla etin içine hafifçe sürün; Bırakmak. Rezene yapraklarını çıkarın; Narenciye-Rezene Gremolata için ayırın. Rezene ampulünü kesin ve dörde bölün.

2. Kömürlü ızgara için, ızgaranın bir tarafına orta derecede sıcak kömürler koyun. Izgaranın kömürsüz tarafında orta ateşte test edin. Kısa kaburgaları kömürsüz ızgara ızgarasına yerleştirin; rezene çeyreklerini ve soğan halkalarını ızgaraya doğrudan kömürlerin üzerine yerleştirin. Örtün ve 8 ila 10 dakika veya sebzeler ve kaburgalar kızarana kadar ızgara yapın, ızgaranın ortasında bir kez çevirin. (Gazlı ızgara için, ızgarayı önceden ısıtın, ısıyı orta seviyeye düşürün. Dolaylı pişirme için ayarlayın. Kaburgaları yanmamış brülör üzerindeki ızgara rafına yerleştirin; rezene ve soğanı yanmamış brülör üzerindeki rafa yerleştirin. Belirtildiği gibi örtün ve ızgara yapın.) Yeterince soğuduğunda iri doğrayın. rezene ve soğanı doğrayın.

3. 5-6 litrelik yavaş pişiricide doğranmış rezene ve soğanı, sığır kemik suyunu ve sarımsağı birleştirin. Kaburgaları ekleyin. Örtün ve düşük seviyede 9 ila 10 saat veya yüksek sıcaklıkta 4½ ila 5 saat pişirin. Oluklu bir kaşık kullanarak kaburgaları bir tabağa aktarın; sıcak tutmak için folyo ile örtün.

4. Bu arada balkabağı için 3 yemek kaşığı yağı büyük bir tavada orta-yüksek ateşte ısıtın. Kabağı kaplamak için savurarak kabağı ve 3 çay kaşığı kekiği ekleyin. Kabağı tek kat halinde tavaya koyun ve karıştırmadan yaklaşık 3 dakika veya alt tarafları kızarana kadar pişirin. Kabak

parçalarını çevirin; yaklaşık 3 dakika daha veya her iki tarafı da kızarana kadar pişirin. Isıyı düşük seviyeye indirin; örtün ve 10 ila 15 dakika veya yumuşayana kadar pişirin. Kalan 1 çay kaşığı taze kekik serpin; ilave sızma zeytinyağı gezdirin.

5. Gremolata için, ayrılmış rezene yapraklarını ¼ fincan yapacak kadar ince doğrayın. Küçük bir kasede kıyılmış rezene yapraklarını, maydanozu, sarımsağı, limon kabuğunu ve portakal kabuğunu karıştırın.

6. Kaburgalara gremolata serpin. Kabak ile servis yapın.

HARDALLI DEREOTLU SALATALIK SALATASI ILE İSVEÇ USULÜ SIĞIR KÖFTESI

HAZIRLIK: 30 dakika pişirme: 15 dakika miktar: 4 porsiyon

BEEF À LA LINDSTROM BIR İSVEÇ HAMBURGERIDIR. GELENEKSEL OLARAK SOĞAN, KAPARI VE PANCAR TURŞUSU SERPILIR, SOSLA VE ÇÖREK OLMADAN SERVIS EDILIR. BU YENIDEN BAHARATLI VERSIYON, TUZLA SALAMURA EDILMIŞ PANCAR VE KAPARI YERINE KAVRULMUŞ PANCARIN YERINI ALIR VE KIZARMIŞ YUMURTA ILE BITIRILIR.

SALATALIK SALATASI

- 2 çay kaşığı taze portakal suyu
- 2 yemek kaşığı beyaz şarap sirkesi
- 1 çay kaşığı Dijon tipi hardal (bkz. yemek tarifi)
- 1 yemek kaşığı sızma zeytinyağı
- 1 büyük (İngiliz) çekirdeksiz salatalık, soyulmuş ve dilimlenmiş
- 2 yemek kaşığı kıyılmış soğan
- 1 yemek kaşığı kıyılmış taze dereotu

SIĞIR KÖFTESI

- 1 pound kıyma
- ¼ su bardağı ince kıyılmış soğan
- 1 yemek kaşığı Dijon usulü hardal (bkz. yemek tarifi)
- ¾ çay kaşığı karabiber
- ½ çay kaşığı öğütülmüş yenibahar
- ½ küçük pancar, kavrulmuş, soyulmuş ve ince doğranmış*
- 2 kaşık sızma zeytinyağı
- ½ su bardağı dana kemik suyu (bkz. yemek tarifi) veya ilave tuz içermeyen et suyu
- 4 büyük yumurta
- 1 kaşık ince kıyılmış maydanoz

1. Salatalık salatası için portakal suyu, sirke ve Dijon hardalını geniş bir kapta karıştırın. Zeytinyağını ince bir akıntı halinde yavaşça ekleyin ve sos hafifçe kalınlaşana kadar çırpın. Salatalık, soğan ve dereotu ekleyin; birleşene kadar karıştırın. Servis zamanına kadar örtün ve soğutun.

2. Dana köftesi için kıyma, soğan, Dijon hardalı, biber ve yenibaharı geniş bir kapta karıştırın. Kavrulmuş pancarları ekleyin ve ete eşit şekilde karışana kadar hafifçe fırlatın. Karışımı dört ½ inç kalınlığında köfte haline getirin.

3. Büyük bir tavada 1 çorba kaşığı zeytinyağını orta-yüksek ateşte ısıtın. Krepleri yaklaşık 8 dakika veya dışları kahverengi olana ve pişene kadar (160°) bir kez çevirerek kızartın. Krepleri bir tabağa koyun ve sıcak kalmaları için üzerlerini folyo ile gevşek bir şekilde kapatın. Sığır kemik suyunu ekleyin ve tavanın dibindeki kızartılmış parçaları sıyırmak için karıştırın. Yaklaşık 4 dakika veya yarı yarıya azalana kadar pişirin. Azaltılmış tava sularını kreplerin üzerine gezdirin ve tekrar gevşek bir şekilde örtün.

4. Tavayı durulayın ve bir kağıt havluyla silin. Kalan 1 yemek kaşığı zeytinyağını orta ateşte ısıtın. Yumurtaları sıcak yağda 3 ila 4 dakika veya beyazları pişene ancak sarıları yumuşak ve akıcı kalana kadar kızartın.

5. Her et köftesinin üzerine bir yumurta koyun. Frenk soğanı serpin ve salatalık salatası ile servis yapın.

*İpucu: Pancarları fırında pişirmek istiyorsanız, iyice ovalayın ve bir parça alüminyum folyo üzerine koyun. Biraz zeytinyağı gezdirin. Folyoya sarın ve sıkıca kapatın. 375°F fırında yaklaşık 30 dakika veya bir çatal pancarları kolayca delinene kadar pişirin. soğumaya bırakın; deriyi çekip çıkarın. (Pancarlar 3 gün önceden pişirilebilir. Soyulmuş kavrulmuş pancarları sıkıca sarın ve buzdolabında saklayın.)

KAVRULMUŞ KÖK SEBZELI ROKA ÜZERINDE HAŞLANMIŞ BEEFBURGER

HAZIRLIK:40 dakika pişirme: 35 dakika pişirme: 20 dakika miktar: 4 porsiyon

BIRÇOK UNSUR VARBU DOYURUCU BURGERLERE - VE BIR ARAYA GELMELERI BIRAZ ZAMAN ALIYOR - AMA LEZZETLERIN INANILMAZ KOMBINASYONU ÇABAYA DEĞER: ETLI BURGER KARAMELIZE SOĞAN VE MANTAR SOSUYLA SÜSLENIR VE TATLI KAVRULMUŞ SEBZELER VE BIBERLERLE SERVIS EDILIR. ROKA.

5 yemek kaşığı sızma zeytinyağı

2 su bardağı kıyılmış taze krema ve/veya şitaki mantarı

3 sarı soğan, ince dilimlenmiş*

2 çay kaşığı kimyon

3 havuç, soyulmuş ve 1 inçlik parçalar halinde kesilmiş

2 yaban havucu, soyulmuş ve 1 inçlik parçalar halinde kesilmiş

1 meşe palamudu kabağı, ikiye bölünmüş, çekirdekleri çıkarılmış ve hilal şeklinde kesilmiş

Taze çekilmiş karabiber

2 kilo kıyma

½ su bardağı ince kıyılmış soğan

1 yemek kaşığı çok amaçlı tuzsuz baharat karışımı

2 su bardağı dana kemik suyu (bkz.yemek tarifi) veya ilave tuz içermeyen et suyu

¼ fincan şekersiz elma suyu

1 ila 2 yemek kaşığı kuru şeri veya beyaz şarap sirkesi

1 yemek kaşığı Dijon usulü hardal (bkz.yemek tarifi)

1 yemek kaşığı kıyılmış taze kekik yaprağı

1 yemek kaşığı kıyılmış taze maydanoz yaprağı

8 su bardağı roka yaprağı

1. Fırını 425°F'ye ısıtın. Sos için, orta-yüksek ateşte büyük bir tavada 1 çorba kaşığı zeytinyağını ısıtın. Mantar ekleyin; pişirin ve yaklaşık 8 dakika veya iyice kızarana ve

yumuşayana kadar karıştırın. Oluklu bir kaşık kullanarak mantarları bir tabağa aktarın. Tavayı brülöre geri getirin; ısıyı orta seviyeye düşürün. Kalan 1 çorba kaşığı zeytinyağını, doğranmış soğanı ve kimyonu ekleyin. Örtün ve 20 ila 25 dakika veya soğanlar çok yumuşak ve zengin bir şekilde kızarana kadar ara sıra karıştırarak pişirin. (Soğanların yanmasını önlemek için ısıyı gerektiği gibi ayarlayın.)

2. Bu arada, kavrulmuş kök sebzeler için büyük bir fırın tepsisine havuç, yaban havucu ve yaban havucu koyun. 2 yemek kaşığı zeytinyağı gezdirin ve tadına göre karabiber serpin; sebzeleri kaplamak için fırlatın. 20 ila 25 dakika veya yumuşayana ve kahverengileşmeye başlayana kadar pişirin, pişirme işleminin yarısında bir kez çevirin. Servis yapmaya hazır olana kadar sebzeleri sıcak tutun.

3. Burgerler için kıyma, ince doğranmış soğan ve baharat karışımını geniş bir kapta birleştirin. Et karışımını dört eşit parçaya bölün ve yaklaşık ¾ inç kalınlığında köfteler haline getirin. Ekstra büyük bir tavada kalan 1 çorba kaşığı zeytinyağını orta-yüksek ateşte ısıtın. Tavaya burger ekleyin; yaklaşık 8 dakika veya her iki tarafı da kızarana kadar bir kez çevirerek pişirin. Burgerleri bir tabağa aktarın.

4. Karamelize soğan, ayrılmış mantar, dana kemik suyu, elma suyu, şeri ve Dijon hardalı ekleyin ve birleştirmek için karıştırın. Burgerleri tavaya geri koyun. kaynatın. Burgerler bitene kadar (160°F), yaklaşık 7 ila 8 dakika pişirin. Tatmak için taze kekik, maydanoz ve baharatları karıştırın.

5. Servis yapmak için dört servis tabağının her birine 2 bardak roka yerleştirin. Kavrulan sebzeleri salataların arasına paylaştırın ve üzerine burgerleri dizin. Soğanlı karışımı hamburgerlerin üzerine bolca paylaştırın.

*İpucu: Mandolin dilimleyici, soğanları ince ince dilimlerken harika bir yardımcıdır.

SUSAM DOMATESLI IZGARA BEEFBURGER

HAZIRLIK: 30 dakika ayakta: 20 dakika ızgara: 10 dakika miktar: 4 porsiyon

SUSAM KABUĞU ILE GEVREK, ALTIN-KAHVERENGI DOMATES DILIMLERIBU DUMANLI BURGERLERDE GELENEKSEL ÇÖREKLERI SUSAMLA DEĞIŞTIRIN. ONLARA BIR BIÇAK VE ÇATALLA SERVIS YAPIN.

4 ½ inç kalınlığında kırmızı veya yeşil domates dilimleri*
1¼ pound yağsız kıyma
1 yemek kaşığı tütsülenmiş biber (bkz.yemek tarifi)
1 büyük yumurta
¾ su bardağı badem unu
¼ su bardağı susam
¼ çay kaşığı karabiber
1 küçük kırmızı soğan, ikiye bölünmüş ve doğranmış
1 yemek kaşığı sızma zeytinyağı
¼ fincan rafine hindistan cevizi yağı
1 küçük baş marul
Paleo ketçap (bkz.yemek tarifi)
Dijon hardalı (bkz.yemek tarifi)

1. Domates dilimlerini çift kat kağıt havlu üzerine yerleştirin. Domatesleri başka bir çift kat kağıt havlu üzerine yerleştirin. Kağıt havluların üzerine hafifçe bastırarak domateslerin üzerine yapıştırın. Domates suyunun bir kısmını emmesi için 20 ila 30 dakika oda sıcaklığında bekletin.

2. Bu arada, kıyma ve tütsülenmiş baharatları geniş bir kapta birleştirin. Dört ½ inç kalınlığında köfteye şekil verin.

3. Sığ bir kapta yumurtayı çatalla hafifçe çırpın. Başka bir sığ kapta badem unu, susam ve baharatları birleştirin. Her domates dilimini yumurtaya batırın ve kaplamak için çevirin. Fazla yumurtanın damlamasına izin verin. Her domates dilimini badem unu karışımına batırın ve ambalajın üzerine çevirin. Sarılı domatesleri düz bir tahta üzerine yerleştirin; Bırakmak. Soğan dilimlerini zeytinyağı ile gezdirin; soğan dilimlerini ızgara sepetine yerleştirin.

4. Kömürlü veya gazlı ızgarada soğanları sepete ve dana köfteleri orta ateşte ızgara ızgarasına yerleştirin. Örtün ve 10 ila 12 dakika veya soğanlar altın rengi olana ve hafifçe kömürleşene ve köfteler bitene kadar (160°), soğanları ara sıra karıştırarak ve köfteleri bir kez çevirerek ızgara yapın.

5. Bu arada, yağı büyük bir tavada orta ateşte ısıtın. Domates dilimleri ekleyin; 8 ila 10 dakika veya altın rengi kahverengi olana kadar bir kez çevirerek pişirin. (Domatesler çok çabuk kızarıyorsa, ısıyı orta-düşük seviyeye düşürün. Gerekirse daha fazla yağ ekleyin.) Kağıt havlu serili bir fırın tepsisine boşaltın.

6. Servis yapmak için salatayı dört servis tabağına bölün. Köfte, soğan, paleo ketçap, Dijon hardalı ve susamlı domateslerle süsleyin.

*Not: Muhtemelen 2 büyük domatese ihtiyacınız olacak. Kırmızı domates kullanıyorsanız, henüz olgunlaşmış ancak yine de biraz sert olan domatesleri seçin.

BABA GHANOUSH SOSLU ÇUBUK BURGERLER

EMMEK:15 dakika hazırlama: 20 dakika ızgara: 35 dakika miktar: 4 porsiyon

BABA GHANOUSH BIR ORTADOĞU YAYILIMIDIRZEYTINYAĞI, LIMON, SARIMSAK VE TAHIN ILE FÜME KÖZLENMIŞ PATLICAN PÜRESINDEN YAPILIR, ÖĞÜTÜLMÜŞ SUSAMDAN YAPILAN BIR MACUN. ÜZERINE SERPILEN SUSAM IYIDIR, ANCAK BIR YAĞ VEYA MACUN HALINE GETIRILDIĞINDE, ILTIHAPLANMAYA KATKIDA BULUNABILEN KONSANTRE BIR LINOLEIK ASIT KAYNAĞI HALINE GELIRLER. BURADA KULLANILAN ÇAM YAĞI MÜKEMMEL BIR ALTERNATIFTIR.

4 adet kuru domates

1½ pound yağsız kıyma

3 ila 4 yemek kaşığı ince kıyılmış soğan

1 yemek kaşığı ince kıyılmış taze kekik ve/veya ince kıyılmış taze nane veya ½ çay kaşığı kuru kekik, ezilmiş

¼ çay kaşığı acı biber

Baba Ghanoush daldırma sosu (bkz.yemek tarifi, altında)

1. Sekiz adet 10 inçlik tahta şişi 30 dakika suda bekletin. Bu sırada küçük bir kaptaki domateslerin üzerine kaynar su dökün; yeniden nemlendirmek için 5 dakika bekletin. Domatesleri boşaltın ve kağıt havlularla kurulayın.

2. Büyük bir kapta doğranmış domatesleri, kıymayı, soğanı, kekik ve acıyı birleştirin. Et karışımını sekiz porsiyona bölün; her parçayı bir top haline getirin. Şişleri sudan çıkarın; kuru. Boncuklardan birini şişin üzerine geçirin ve şişin etrafında uzun bir oval oluşturun, ucun hemen

altından başlayın ve diğer uçta şişi tutacak kadar boşluk bırakın. Kalan şiş ve toplarla tekrarlayın.

3. Kömürlü veya gazlı ızgarada, dana şişlerini doğrudan orta ateşte ızgara rafına yerleştirin. Örtün ve yaklaşık 6 dakika veya bitene kadar (160°F) ızgara yapın, ızgaranın ortasında bir kez çevirin. Baba Ganuş sos ile servis edilir.

Baba Ghanoush Dip Sos: 2 adet orta boy patlıcanı çeşitli yerlerinden çatalla delin. Kömür veya gazlı ızgara için patlıcanları doğrudan orta ateşte ızgara ızgarasına yerleştirin. Örtün ve 10 dakika veya her tarafı kömürleşene kadar ızgara yapın, ızgara sırasında birkaç kez çevirin. Patlıcanları çıkarın ve dikkatlice folyoya sarın. Sarılı patlıcanları tekrar ızgara ızgarasına yerleştirin, ancak doğrudan kömürlerin üzerine değil. Örtün ve 25 ila 35 dakika daha veya ayrılana ve çok yumuşayana kadar ızgara yapın. İyi. Patlıcanları ikiye bölün ve posasını kazıyın; eti mutfak robotuna koyun. ¼ fincan çam fıstığı yağı ekleyin (bkz. yemek tarifi); ¼ bardak taze limon suyu; 2 diş sarımsak, kıyılmış; 1 yemek kaşığı sızma zeytinyağı; 2 ila 3 yemek kaşığı kıyılmış taze maydanoz; ve ½ çay kaşığı öğütülmüş kimyon. Örtün ve neredeyse pürüzsüz olana kadar işleyin. Sos daldırmak için çok kalınsa, istenen kıvamı elde etmek için yeterince su ilave edin.

FÜME DOLDURULMUŞ TATLI BIBER

HAZIRLIK:20 dakika pişirme: 8 dakika pişirme: 30 dakika üretim: 4 porsiyon

BU AILEYI FAVORI YAPGÖZ ALICI BIR YEMEK IÇIN RENGARENK TATLI BIBER KARIŞIMI ILE. ATEŞTE KAVRULMUŞ DOMATESLER, YIYECEKLERE SAĞLIKLI BIR ŞEKILDE HARIKA LEZZETLERIN NASIL EKLENECEĞINE GÜZEL BIR ÖRNEKTIR. DOMATESLERI KONSERVE ETMEDEN ÖNCE (TUZSUZ) HAFIFÇE KAVURMAK, LEZZETLERINI ARTIRACAKTIR.

4 büyük yeşil, kırmızı, sarı ve/veya turuncu tatlı biber

1 pound kıyma

1 yemek kaşığı tütsülenmiş biber (bkz.yemek tarifi)

1 yemek kaşığı sızma zeytinyağı

1 küçük sarı soğan, doğranmış

3 diş sarımsak, kıyılmış

1 küçük karnabahar, çekirdekleri çıkarılmış ve çiçeklerine ayrılmış

1 15 ons tuz eklenmemiş doğranmış kavrulmuş domates, süzülmüş

¼ su bardağı ince kıyılmış taze maydanoz

½ çay kaşığı karabiber

⅛ çay kaşığı acı biber

½ fincan fındık kırıntısı tepesi (bkz.yemek tarifi, altında)

1. Fırını 375°F'ye ısıtın. Tatlı biberi dikey olarak ikiye kesin. Sapları, tohumları ve zarları çıkarın; atmak için. Biber yarımlarını bir kenara koyun.

2. Kıymayı orta boy kaba koyun; Dumanlı Baharat serpin. Ellerinizi kullanarak, baharatları yavaşça ete karıştırın.

3. Büyük bir tavada zeytinyağını orta ateşte ısıtın. Et, soğan ve sarımsak ekleyin; etler suyunu salıp, soğanlar

yumuşayıncaya kadar tahta kaşıkla karıştırarak etin dağılmasını sağlayın. Tavayı ocaktan alın.

4. Karnabahar çiçeklerini mutfak robotunda çok ince doğranana kadar işleyin. (Mutfak robotunuz yoksa karnabaharı rendeleyin.) 3 su bardağı karnabaharı ölçün. Tavadaki kıyma karışımına ekleyin. (Karnabaharınız kaldıysa başka bir kullanım için saklayın.) Süzülen domatesleri, maydanozu, karabiberi ve acı biberi ekleyin.

5. Biber yarımlarını kıyma karışımıyla doldurun, hafifçe sarın ve hafifçe istifleyin. Doldurulmuş biber yarımlarını bir fırın tepsisine yerleştirin. 30 ila 35 dakika veya biberler çıtır çıtır olana kadar pişirin.* Cevizli kırıntıların üzerine dökün. İstenirse, servis yapmadan önce tepenin çıtır çıtır olması için 5 dakika fırına geri dönün.

Ceviz Topping: Orta-düşük ısıda orta bir tavada 1 çorba kaşığı sızma zeytinyağını ısıtın. 1 çay kaşığı kuru kekik, 1 çay kaşığı füme kırmızı biber ve ¼ çay kaşığı sarımsak tozu ile karıştırın. 1 su bardağı çok ince kıyılmış cevizi ekleyin. Yaklaşık 5 dakika veya cevizler altın rengi kahverengi olana ve hafifçe kızarana kadar pişirin ve karıştırın. Bir veya iki tutam acı biberle karıştırın. Tamamen soğumaya bırakın. Artık buzlanmayı, kullanıma hazır olana kadar buzdolabında sıkıca kapatılmış bir kapta saklayın. 1 bardak yapar.

*Not: Yeşil biber kullanıyorsanız 10 dakika daha pişirin.

CABERNET SOĞAN VE ROKA ILE BISON BURGER

HAZIRLIK: 30 dakika pişirme: 18 dakika ızgara: 10 dakika miktar: 4 porsiyon

BIZON YAĞ ORANI ÇOK DÜŞÜKTÜRVE SIĞIR ETINDEN %30 ILA %50 DAHA HIZLI PIŞER. ET PIŞTIKTEN SONRA KIRMIZI RENGINI KORUYACAKTIR, BU NEDENLE RENK PIŞMIŞLIK GÖSTERGESI DEĞILDIR. BIZON ÇOK ZAYIF OLDUĞUNDAN, 155°F'LIK BIR IÇ SICAKLIĞA KADAR PIŞIRMEYIN.

2 kaşık sızma zeytinyağı

2 büyük tatlı soğan, ince dilimlenmiş

¾ fincan Cabernet Sauvignon veya diğer sek kırmızı şarap

1 çay kaşığı Akdeniz baharatı (bkz.yemek tarifi)

¼ su bardağı sızma zeytinyağı

¼ fincan balzamik sirke

1 yemek kaşığı ince kıyılmış maydanoz

1 yemek kaşığı kıyılmış taze fesleğen

1 küçük diş sarımsak, kıyılmış

1 kiloluk yer bizonu

¼ fincan fesleğen pesto (bkz.yemek tarifi)

5 su bardağı roka

Tuzsuz ham fıstık, kavrulmuş (bkz.uç)

1. 2 yemek kaşığı yağı büyük bir tavada orta-düşük ateşte ısıtın. Soğanı ekleyin. Kapağı kapalı olarak 10 ila 15 dakika veya soğan yumuşayana kadar ara sıra karıştırarak pişirin. Ortaya çıkarmak; orta-yüksek ateşte 3 ila 5 dakika veya soğan altın rengi olana kadar pişirin ve karıştırın. Şarap ekleyin; yaklaşık 5 dakika veya şarabın çoğu buharlaşana kadar pişirin. Akdeniz baharatı serpin; sıcak tut

2. Bu arada salata sosu için ¼ fincan zeytinyağı, sirke, arpacık soğanı, fesleğen ve sarımsağı vidalı bir kapta birleştirin. Örtün ve iyice çalkalayın.

3. Büyük bir kapta öğütülmüş bizonu ve fesleğen pesto sosunu hafifçe karıştırın. Et karışımını dört ¾ inç kalınlığında köfteye hafifçe şekillendirin.

4. Kömürlü veya gazlı ızgara için, köfteleri doğrudan orta ateşte hafifçe yağlanmış bir ızgara ızgarasına yerleştirin. Örtün ve istenen pişene kadar yaklaşık 10 dakika ızgara yapın (orta-az pişmiş için 145°F veya orta-az pişmiş için 155°F), ızgaranın ortasında bir kez çevirin.

5. Rokayı geniş bir kaseye koyun. Roka üzerine salata sosu gezdirin; bir ceket atmak için. Servis yapmak için soğanları dört servis tabağına bölün; her birini bir bizon burger ile doldurun. Burgerleri roka ile kaplayın ve antep fıstığı serpin.

PAZI VE TATLI PATATES ÜZERINDE BIZON VE KUZU ETI

HAZIRLIK:1 saat pişirme: 20 dakika pişirme: 1 saat ayakta: 10 dakika Yapım: 4 porsiyon

BU ESKI MODA RAHAT YEMEKMODERN BIR DOKUNUŞLA. KIRMIZI ŞARAP TAVA SOSU, KÖFTEYE LEZZET KATIYOR VE SARIMSAKLI PAZI VE KAJU KREMASI VE HINDISTANCEVIZI YAĞI ILE BIRLIKTE TATLI PATATES PÜRESI INANILMAZ BIR BESIN DEĞERI SUNUYOR.

2 kaşık zeytinyağı
1 su bardağı ince kıyılmış porçini mantarı
½ su bardağı ince kıyılmış kırmızı soğan (1 orta boy)
½ su bardağı ince kıyılmış kereviz (1 sap)
⅓ su bardağı ince doğranmış havuç (1 küçük)
½ küçük elma, özlü, soyulmuş ve rendelenmiş
2 diş sarımsak, kıyılmış
½ çay kaşığı Akdeniz baharatı (bkz.yemek tarifi)
1 büyük yumurta, hafifçe dövülmüş
1 yemek kaşığı kıyılmış taze adaçayı
1 yemek kaşığı kıyılmış taze kekik
8 ons öğütülmüş bizon
8 ons öğütülmüş kuzu veya sığır eti
¾ fincan sek kırmızı şarap
1 orta boy arpacık soğan, ince kıyılmış
¾ su bardağı sığır kemik suyu (bkz.yemek tarifi) veya ilave tuz içermeyen et suyu
Tatlı patates püresi (bkz.yemek tarifi, altında)
Sarımsak pazı (bkz.yemek tarifi, altında)

1. Fırını 350°F'ye ısıtın. Yağı büyük bir tavada orta ateşte ısıtın. Mantar, soğan, kereviz ve havuç ekleyin; pişirin ve yaklaşık 5 dakika veya sebzeler yumuşayana kadar

karıştırın. Isıyı düşük seviyeye indirin; rendelenmiş elma ve sarımsağı ekleyin. Kapağı kapalı olarak yaklaşık 5 dakika veya sebzeler yumuşayana kadar pişirin. Ateşten alın; Akdeniz baharatlarını karıştırın.

2. Oluklu bir kaşık kullanarak mantar karışımını büyük bir kaseye aktarın ve tavaya boşaltın. Yumurta, adaçayı ve kekiği karıştırın. Kıyma bizonu ve kıyma kuzu ekleyin; hafifçe karıştırın. Et karışımını 2-litrelik dikdörtgen pişirme kabına koyun; 7 x 4 inçlik bir dikdörtgene şekil verin. Yaklaşık 1 saat veya anında okunan bir termometre 155 ° F'yi kaydedene kadar pişirin. 10 dakika bekletin. Köfteyi dikkatlice servis tabağına alın. Örtün ve sıcak tutun.

3. Tava sosu için tavadaki damlamaları ve çıtır çıtır kızarmış parçaları tava damlalarına kazıyın. Şarap ve arpacık ekleyin. Orta ateşte kaynatın; yarı yarıya azalana kadar pişirin. Sığır kemik suyu ekleyin; yarı yarıya azalana kadar pişirin ve karıştırın. Tavayı ocaktan alın.

4. Servis yapmak için tatlı patates püresini dört servis tabağına paylaştırın; Garlicky İsviçre Pazı ile üst. Köfteyi dilimleyin; dilimleri Garlicky Swiss Chard'ın üzerine yerleştirin ve tava sosu gezdirin.

Tatlı Patates Püresi: 4 adet orta boy tatlı patatesi soyun ve kabaca doğrayın. Büyük bir tencerede, patatesleri üzerini kapatacak kadar kaynar suda 15 dakika veya yumuşayana kadar pişirin; serbest bırakmak. Patates ezici ile ezin. ½ fincan kaju kreması ekleyin (bkz.yemek tarifi) ve 2 yemek kaşığı rafine edilmemiş hindistancevizi yağı; pürüzsüz olana kadar ezin. Sıcak tutun.

Sarımsaklı pazı: 2 demet İsviçre pazısının saplarını çıkarın ve atın. Yaprakları kabaca doğrayın. Orta ateşte büyük bir tavada 2 yemek kaşığı zeytinyağını ısıtın. Kıyılmış pazı ve 2 diş sarımsağı ekleyin; pazı soluncaya kadar ara sıra maşayla karıştırarak pişirin.

KABAK PAPPARDELLE ILE ELMA-KUŞ ÜZÜMÜ-SOSLU BIZON KÖFTE

HAZIRLIK:25 dakika pişirme: 15 dakika pişirme: 18 dakika Yapım: 4 porsiyon

KÖFTELER ÇOK ISLANACAKONLARI NASIL YARATTIĞIN. ET KARIŞIMININ ELLERINIZE YAPIŞMASINI ÖNLEMEK IÇIN, ELINIZIN ALTINDA BIR KASE SOĞUK SU BULUNDURUN VE ÇALIŞIRKEN ARA SIRA ELLERINIZI ISLATIN. KÖFTELERI HAZIRLARKEN SUYU BIRKAÇ KEZ DEĞIŞTIRIN.

KÖFTELER
Zeytin yağı

½ su bardağı iri kıyılmış kırmızı soğan

2 diş sarımsak, kıyılmış

1 yumurta, hafifçe çırpılmış

½ su bardağı ince kıyılmış mantar ve sapları

2 yemek kaşığı kıyılmış taze İtalyan (yassı) maydanoz

2 kaşık zeytinyağı

1 kiloluk yer bizonu (varsa kaba öğütülmüş)

ELMA-KUŞ ÜZÜMÜ SOSU
2 kaşık zeytinyağı

2 büyük Granny Smith elması, soyulmuş, özlü ve ince kıyılmış

2 arpacık soğan, kıyılmış

2 kaşık taze limon suyu

½ su bardağı tavuk kemiği suyu (bkz.yemek tarifi) veya ilave tuz içermeyen tavuk suyu

2 ila 3 yemek kaşığı kuru üzüm

KABAK PAPPARDELLE
6 kabak

2 kaşık zeytinyağı

¼ su bardağı ince kıyılmış soğan

½ çay kaşığı toz kırmızı biber
2 diş sarımsak, kıyılmış

1. Köfte için fırını 375°F'ye ısıtın. Kenarlı bir fırın tepsisini hafifçe zeytinyağı ile kaplayın; Bırakmak. Soğanı ve sarımsağı bir mutfak robotu veya karıştırıcıda birleştirin. Pürüzsüz olana kadar nabız atın. Soğan karışımını orta boy bir kaseye aktarın. Yumurta, mantar, maydanoz ve 2 çay kaşığı yağ ekleyin; birleştirmek için karıştırın. Yer bizonu ekleyin; hafifçe ama iyice karıştırın. Et karışımını 16 porsiyona bölün; köfte şekli verin. Hazırlanan tepsiye köfteleri eşit şekilde dağıtın. 15 dakika pişirin; Bırakmak.

2. Sos için 2 yemek kaşığı yağı orta ateşte bir tavada kızdırın. Elma ve arpacık ekleyin; 6 ila 8 dakika veya çok yumuşak olana kadar pişirin ve karıştırın. Limon suyunu karıştırın. Karışımı bir mutfak robotuna veya karıştırıcıya aktarın. Pürüzsüz olana kadar örtün ve işleyin veya karıştırın; tavaya geri dönün. Tavuk kemiği suyu ve kuş üzümü ile karıştırın. kaynatın; ısıyı azaltın. Sık sık karıştırarak 8 ila 10 dakika pişirin. Köfte ekleyin; pişene kadar kısık ateşte karıştırarak pişirin.

3. Bu sırada pappardelle'in üzerine kabakların uç kısımlarını kesin. Bir mandolin veya çok keskin bir sebze soyucu kullanarak kabağı ince şeritler halinde dilimleyin. (Şeritleri sağlam tutmak için balkabağının ortasındaki çekirdeklere geldiğinizde tıraş etmeyi bırakın.) Ekstra büyük bir tavada 2 yemek kaşığı yağı orta ateşte ısıtın. Soğan, ezilmiş kırmızı biber ve sarımsağı ilave edin; 30 saniye pişirin ve karıştırın. Kabak şeritlerini ekleyin. Pişirin ve yaklaşık 3 dakika veya sadece solana kadar hafifçe karıştırın.

4. Servis yapmak için pappardelle'i dört servis tabağına bölün; üstüne köfte ve elma-kuş üzümü sosu koyun.

BIZON-PORCINI BOLOGNESE, KAVRULMUŞ SARIMSAK VE SPAGETTI KABAĞI ILE

HAZIRLIK:30 dakika pişirme: 1 saat 30 dakika pişirme: 35 dakika üretim: 6 porsiyon

YEDIĞINI DÜŞÜNDÜYSENPALEO DIET®'I BENIMSEDIĞINIZDE SON YEMEĞINIZ OLAN ET SOSLU SPAGETTI, TEKRAR DÜŞÜNÜN. SARIMSAK, KIRMIZI ŞARAP VE DÜNYEVI MANTARLARLA TATLANDIRILMIŞ BU ZENGIN BOLONEZ, TATLI, SULU SPAGETTI KABAK TELLERININ ÜZERINE YIĞILMIŞ. MAKARNAYI BIRAZ BILE ÖZLEMEYECEKSIN.

- 1 ons kurutulmuş mantar
- 1 su bardağı kaynar su
- 3 kaşık sızma zeytinyağı
- 1 kiloluk yer bizonu
- 1 su bardağı ince doğranmış havuç (2)
- ½ su bardağı doğranmış soğan (1 orta boy)
- ½ su bardağı ince kıyılmış kereviz (1 sap)
- 4 diş sarımsak, kıyılmış
- 3 yemek kaşığı tuzsuz domates püresi
- ½ bardak kırmızı şarap
- 2 15 onsluk kutu tuzsuz ezilmiş domates
- 1 çay kaşığı kurutulmuş kekik, ezilmiş
- 1 çay kaşığı kuru kekik, ezilmiş
- ½ çay kaşığı karabiber
- 1 orta boy spagetti kabağı (2½ ila 3 pound)
- 1 soğan sarımsak

1. Mantarları ve kaynar suyu küçük bir kapta birleştirin; 15 dakika bekletin. %100 pamuklu bezle kaplı bir süzgeçten geçirerek sıvıyı ayırın. Mantarları dilimleyin; sayfa ayarla.

2. 4-5 litrelik bir Hollanda fırınında 1 çorba kaşığı zeytinyağını orta ateşte ısıtın. Öğütülmüş bizonu, havuçları, soğanları, kerevizi ve sarımsağı ekleyin. Etler suyunu salıp, sebzeler yumuşayıncaya kadar tahta kaşıkla karıştırarak etin dağılmasını sağlayın. Salça ekleyin; 1 dakika karıştırarak pişirin. Kırmızı şarap ekleyin; 1 dakika karıştırarak pişirin. Mantar, domates, kekik, kekik ve biberi ilave edip karıştırın. Kasenin dibinde olabilecek herhangi bir kum veya çakıl eklememeye dikkat ederek ayrılmış mantar sıvısını ekleyin. Ara sıra karıştırarak kaynatın; ısıyı minimuma indirin. 1½ ila 2 saat veya istenen kıvama gelene kadar üstü kapalı olarak pişirin.

3. Bu arada, fırını 375°F'ye ısıtın. Kabağı uzunlamasına ikiye bölün; tohumları kazıyın. Kabak yarımlarını, kesilmiş tarafları aşağı gelecek şekilde büyük bir fırın tepsisine yerleştirin. Cildin her yerine bir çatalla delin. Sarımsak kafasının üst ½ inç kısmını kesin. En son kıyılmış sarımsağı balkabağıyla birlikte fırın tepsisine koyun. Kalan 1 çorba kaşığı zeytinyağı ile gezdirin. 35 ila 45 dakika veya kabak ve sarımsak yumuşayana kadar pişirin.

4. Bir kaşık ve çatal kullanarak, balkabağının her bir yarısından kabak etini çıkarın ve doğrayın; bir kaseye aktarın ve sıcak tutmak için üzerini örtün. Sarımsak işlenecek kadar soğuduğunda, karanfilleri çıkarmak için ampulü alttan bastırın. Sarımsak karanfillerini ezmek için bir çatal kullanın. Ezilmiş sarımsağı balkabağına karıştırın ve sarımsağı eşit şekilde dağıtın. Servis yapmak için, sosu balkabağı karışımının üzerine kaşıkla koyun.

BISON CHILI CON CARNE

HAZIRLIK:25 dakika pişirme süresi: 1 saat 10 dakika Yapılışı: 4 porsiyon

ŞEKERSIZ ÇIKOLATA, KAHVE VE TARÇINBU DOYURUCU FAVORIYE ILGI EKLEYIN. DAHA DA DUMANLI BIR TAT IÇIN, NORMAL KIRMIZI BIBERI 1 ÇORBA KAŞIĞI TATLI FÜME KIRMIZI BIBERLE DEĞIŞTIRIN.

- 3 kaşık sızma zeytinyağı
- 1 kiloluk yer bizonu
- ½ su bardağı doğranmış soğan (1 orta boy)
- 2 diş sarımsak, kıyılmış
- 2 adet 14,5 onsluk kutu doğranmış, tuz eklenmemiş, süzülmemiş
- 1 6 onsluk tuzsuz domates salçası
- 1 su bardağı dana kemik suyu (bkz.yemek tarifi) veya ilave tuz içermeyen et suyu
- ½ fincan sert kahve
- 2 ons %99 kakao bar, doğranmış
- 1 kaşık kırmızı biber
- 1 çay kaşığı öğütülmüş kimyon
- 1 çay kaşığı kurutulmuş kekik
- 1½ çay kaşığı tütsülenmiş biber (bkz.yemek tarifi)
- ½ çay kaşığı öğütülmüş tarçın
- ⅓ su bardağı pepitas
- 1 çay kaşığı zeytinyağı
- ½ su bardağı kaju kreması (bkz.yemek tarifi)
- 1 çay kaşığı taze limon suyu
- ½ fincan taze kişniş yaprağı
- 4 limon dilimleri

1. 3 yemek kaşığı zeytinyağını Hollanda usulü bir fırında orta ateşte ısıtın. Öğütülmüş bizonu, soğanı ve sarımsağı ekleyin; etin parçalanması için tahta kaşıkla karıştırarak yaklaşık 5 dakika veya et kızarana kadar pişirin.

Sıkılmamış domates, domates püresi, dana kemik suyu, kahve, pişirme çikolatası, kırmızı biber, kimyon, kekik, 1 çay kaşığı tütsülenmiş biber ve tarçını karıştırın. kaynatın; ısıyı azaltın. Ara sıra karıştırarak 1 saat kapağı kapalı olarak pişirin.

2. Bu sırada küçük bir tavada pepitayı 1 çay kaşığı zeytinyağında orta ateşte patlayıp altın rengine dönene kadar kızartın. Pepitaları küçük bir kaseye koyun; kalan ½ çay kaşığı füme kırmızı biberi ekleyin; bir ceket atmak için.

3. Küçük bir kapta kaju kreması ve misket limonu suyunu karıştırın.

4. Servis etmek için biberleri kaselere dökün. Kaju kreması, pepitas ve kişniş ile üst kısımlar. Kireç dilimleri ile servis yapın.

IZGARA LIMONLU FAS BAHARATLI BIZON BIFTEĞI

HAZIRLIK:10 dakika ızgara: 10 dakika yapım: 4 porsiyon

BU HIZLI DÜZELTME BIFTEKLERINI SERVIS EDINSOĞUK VE KITIR KITIR TERBIYELI HAVUÇ ILE (BKZ.YEMEK TARIFI). KENDINIZI BIR ZIYAFET GIBI HISSEDIYORSANIZ, HINDISTANCEVIZI KREMALI IZGARA ANANAS (BKZ.YEMEK TARIFI) YEMEĞI BITIRMEK IÇIN HARIKA BIR YOL OLURDU.

2 kaşık öğütülmüş tarçın

2 kaşık kırmızı biber

1 kaşık sarımsak tozu

¼ çay kaşığı acı biber

4 6 ons bizon fileto mignon biftek, ¾ ila 1 inç kalınlığında dilimlenmiş

2 limon, yatay olarak ikiye bölünmüş

1. Küçük bir kapta tarçın, kırmızı biber, sarımsak tozu ve acı biberi karıştırın. Biftekleri kağıt havluyla kurulayın. Bifteklerin her iki tarafını da baharat karışımıyla ovun.

2. Kömürlü veya gazlı ızgara için, biftekleri doğrudan orta ateşte ızgara ızgarasına yerleştirin. Orta pişmiş (145°F) için üzerini örtün ve 10 ila 12 dakika veya orta pişmiş (155°F) için 12 ila 15 dakika ızgara yapın, ızgaranın ortasında bir kez çevirin. Bu arada, limon yarımlarını kesik yüzleri alta gelecek şekilde ızgara ızgarasına yerleştirin. 2 ila 3 dakika veya hafifçe kömürleşene ve sulu olana kadar ızgara yapın.

3. Bifteklerin üzerine sıktığımız ızgara limon dilimleri ile servis yapın.

PROVENÇAL OTLAR - FIRINDA BIZON BONFILE

HAZIRLIK:15 dakika pişirme: 15 dakika pişirme: 1 saat 15 dakika ayakta: 15 dakika miktar: 4 porsiyon

HERBES DE PROVENCE BIR KARIŞIMDIRFRANSA'NIN GÜNEYINDE BOL MIKTARDA YETIŞEN KURUTULMUŞ OTLAR. KARIŞIM GENELLIKLE FESLEĞEN, REZENE TOHUMU, LAVANTA, MERCANKÖŞK, BIBERIYE, ADAÇAYI, YAZ KOKUSU VE KEKIĞIN BIR KOMBINASYONUNU IÇERIR. BU AMERIKAN ROSTOSUNU ÇOK GÜZEL TATLANDIRIYOR.

1 3 kiloluk bizon bonfile kızartması
3 yemek kaşığı Provence otu
4 kaşık sızma zeytinyağı
3 diş sarımsak, kıyılmış
4 küçük yaban havucu, soyulmuş ve doğranmış
2 olgun armut, çekirdeksiz ve dilimlenmiş
½ fincan şekersiz armut nektarı
1 ila 2 çay kaşığı taze kekik

1. Fırını 375°F'ye ısıtın. Yağı karaciğerden kesin. Küçük bir kapta Provence otlarını, 2 yemek kaşığı zeytinyağını ve sarımsağı birleştirin; tüm kızartmayı ovalayın.

2. Kızartmayı derin olmayan bir fırın tepsisine tel ızgara üzerine yerleştirin. Kızartmanın ortasına bir termometre yerleştirin.* Açıkta 15 dakika pişirin. Fırın sıcaklığını 300° F'ye düşürün. 60 ila 65 dakika daha veya bir et termometresi 140° F (orta pişmiş) kaydedene kadar pişirin. Folyo ile örtün ve 15 dakika bekletin.

3. Bu arada, büyük bir tavada kalan 2 yemek kaşığı zeytinyağını orta ateşte ısıtın. Yaban havucu ve armut ekleyin; ara sıra karıştırarak 10 dakika veya yaban havucu gevrekleşinceye kadar pişirin. Armut nektarı ekleyin; yaklaşık 5 dakika veya sos hafifçe kalınlaşana kadar pişirin. Kekik serpin.

4. Rostoyu ince dilimler halinde kesin. Eti yaban havucu ve armutla servis ediyoruz.

*İpucu: Bizon çok yağsızdır ve sığır etinden daha hızlı pişer. Ayrıca etin rengi sığır etinden daha kırmızıdır, bu nedenle pişip pişmediğini belirlemek için görsel bir yardıma güvenemezsiniz. Etin ne zaman yapıldığını bilmek için bir et termometresine ihtiyacınız olacak. Gerekli olmasa da bir fırın termometresi idealdir.

MANDALINA GREMOLATA VE KEREVIZ KÖKÜ PÜRESI ILE KAHVEDE KAVRULMUŞ BIZON KISA KABURGA

HAZIRLIK:15 dakika Pişirme: 2 saat 45 dakika Yapım: 6 porsiyon

BIZON KISA KABURGALARI BÜYÜK VE ETLIDIR. YUMUŞAK HALE GETIRMEK IÇIN SIVI IÇINDE IYI BIR UZUN KAYNAMAYA IHTIYAÇ DUYARLAR. MANDALINA KABUĞUNDAN YAPILAN GREMOLATA, BU DOYURUCU YEMEĞIN LEZZETINI AYDINLATIYOR.

TURŞUSU

- 2 bardak su
- 3 fincan sert kahve, soğutulmuş
- 2 su bardağı taze mandalina suyu
- 2 yemek kaşığı kıyılmış taze biberiye
- 1 çay kaşığı iri çekilmiş karabiber
- 4 pound bizon kısa kaburga, ayırmak için kaburgalar arasında kesilmiş

GÜVEÇ

- 2 kaşık zeytinyağı
- 1 çay kaşığı karabiber
- 2 bardak doğranmış soğan
- ½ bardak kıyılmış arpacık
- 6 diş doğranmış sarımsak
- 1 jalapeño biber, çekirdekleri çıkarılmış ve doğranmış (bkz.uç)
- 1 fincan sert kahve
- 1 su bardağı dana kemik suyu (bkz.yemek tarifi) veya ilave tuz içermeyen et suyu
- ¼ fincan paleo ketçap (bkz.yemek tarifi)
- 2 yemek kaşığı Dijon usulü hardal (bkz.yemek tarifi)
- 3 yemek kaşığı elma sirkesi
- Kök kereviz infüzyonu (bkz.yemek tarifi, altında)
- Mandalina Gremolata (bkz.yemek tarifi, doğru)

1. Marine için suyu, soğutulmuş kahveyi, mandalina suyunu, biberiyeyi ve karabiberi büyük, tepkimeye girmeyen bir kapta (cam veya paslanmaz çelik) birleştirin. Kaburgaları ekleyin. Gerekirse, su altında kalmaları için kaburgaların üzerine bir tabak yerleştirin. 4 ila 6 saat boyunca örtün ve soğutun, bir kez yeniden düzenleyin ve fırlatın.

2. Kızartmak için fırını 325°F'ye ısıtın. Kaburgaları boşaltın, turşuyu atın. Kaburgaları kağıt havlularla kurulayın. Büyük bir Hollanda fırınında zeytinyağını orta-yüksek ateşte ısıtın. Kaburgaları karabiberle tatlandırın. Her tarafta yaklaşık 5 dakika kızarana kadar kaburgaları gruplar halinde kızartın. Büyük bir tabağa aktarın.

3. Tencereye soğan, arpacık soğanı, sarımsak ve jalapeno ekleyin. Isıyı orta seviyeye düşürün, örtün ve sebzeler yumuşayana kadar ara sıra karıştırarak yaklaşık 10 dakika pişirin. Kahve ve et suyu ekleyin; karıştırın, kızartılmış parçaları kazıyın. Paleo ketçap, dijon hardalı ve sirkeyi ekleyin. kaynatın. Kaburgaları ekleyin. Örtün ve fırına yerleştirin. Et yumuşayana kadar yaklaşık 2 saat 15 dakika hafifçe karıştırarak ve kaburgaları bir veya iki kez çevirerek pişirin.

4. Kaburgaları bir tabağa aktarın; sıcak tutmak için folyo ile çadır. Sosun yüzeyinden yağ kaşığı. Sosu 2 bardağa düşene kadar yaklaşık 5 dakika kaynatın. Kereviz püresini 6 tabağa bölün; kaburga ve sos ile doldurun. Mandalina gremolata serpin.

Kereviz Kökü Püresi: Büyük bir tencerede, soyulmuş ve 1 inçlik parçalar halinde kesilmiş 3 libre kereviz kökü ile 4 bardak tavuk kemiği suyunu birleştirin (bkz.<u>yemek tarifi</u>)

veya tuzsuz tavuk suyu. kaynatın; ısıyı azaltın. Kereviz kökünü boşaltın, suyu atlayın. Kereviz kökünü tencereye geri koyun. 1 çorba kaşığı zeytinyağı ve 2 çay kaşığı kıyılmış taze kekik ekleyin. Bir patates ezici kullanarak kereviz kökünü ezin, istenen kıvama ulaşmak için gerektiği kadar ayrılmış stoktan bir seferde birkaç yemek kaşığı ekleyin.

Mandalina Gremolata: Küçük bir kapta ½ fincan kıyılmış taze maydanoz, 2 yemek kaşığı ince rendelenmiş mandalina kabuğu ve 2 diş ezilmiş sarımsağı birleştirin.

DANA KEMIK SUYU

HAZIRLIK:25 dakika pişirme: 1 saat pişirme: 8 saat, 8 ila 10 bardak

KEMIKLI ÖKÜZ KUYRUĞU, ET SUYUNUN TADINI EKSTRA ZENGINLEŞTIRIRSIĞIR ETI STOĞU GEREKTIREN HERHANGI BIR TARIFTE KULLANILABILIR VEYA GÜNÜN HERHANGI BIR SAATINDE BIR KUPADA ATIŞTIRMALIK OLARAK TÜKETILEBILIR. BAŞLANGIÇTA BIR ÖKÜZDEN GELMELERINE RAĞMEN, ŞIMDI SIĞIRLARDAN GELIYORLAR.

5 havuç, kabaca doğranmış

5 sap kereviz, kabaca doğranmış

2 sarı soğan, soyulmamış, ikiye bölünmüş

8 ons beyaz mantar

1 diş sarımsak, soyulmamış, ikiye bölünmüş

2 pound öküz kuyruğu kemiği veya sığır eti

2 domates

12 su bardağı soğuk su

3 defne yaprağı

1. Fırını 400°F'ye ısıtın. Havuç, kereviz, soğan, mantar ve sarımsağı büyük bir fırın tepsisine veya sığ bir fırın tepsisine yerleştirin; kemikleri sebzelerin üzerine yerleştirin. Domatesleri bir mutfak robotunda pürüzsüz olana kadar çekin. Kaplamak için domatesleri kemiklerin üzerine yayın (pürenin bir kısmı tavaya ve sebzelere damlarsa sorun olmaz). 1 ila 1½ saat veya kemikler kızarana ve sebzeler karamelleşene kadar kızartın. Kemikleri ve sebzeleri 10 ila 12 litre Hollandalı bir fırına veya tencereye aktarın. (Domatesli karışımın bir kısmı tencerenin dibinde karamelleşirse tavaya 1 su bardağı sıcak su ekleyip uçlarını sıyırın. Suyu kemiklerin ve

sebzelerin üzerine dökün ve suyu 1 su bardağı azaltın.) Soğuk suyu ekleyin ve defne yaprağı.

2. Karışımı orta-yüksek ila yüksek ısıda yavaşça kaynatın. Isıyı azaltın; suyu örtün ve ara sıra karıştırarak 8 ila 10 saat pişirin.

3. Suyu süzün; kemikleri ve sebzeleri atın. soğuk et suyu; suyu saklama kaplarına aktarın ve 5 güne kadar buzdolabında saklayın; 3 aya kadar dondurun.*

Yavaş Pişirici Talimatları: 6-8 litrelik bir yavaş pişirici için 1 pound sığır kemiği, 3 havuç, 3 sap kereviz, 1 sarı soğan ve 1 diş sarımsak kullanın. 1 adet domatesi ezip kemiklerin üzerine yayın. Belirtildiği gibi kızartın, ardından kemikleri ve sebzeleri yavaş pişiriciye aktarın. Tüm karamelize domatesleri belirtildiği gibi kazıyın ve yavaş pişiriciye ekleyin. Üzerini kapatacak kadar su ekleyin. Örtün ve stok kaynamaya başlayana kadar yaklaşık 4 saat yüksekte pişirin. Düşük ısı ayarına düşürün; 12 ila 24 saat pişirin. et suyu; kemikleri ve sebzeleri atın. Belirtildiği şekilde saklayın.

*İpucu: Yağı et suyundan kolayca çıkarmak için, et suyunu kapalı bir kapta gece boyunca buzdolabında saklayın. Yağ yukarı doğru yükselecek ve kolayca kazınabilecek katı bir tabaka oluşturacaktır. Et suyu soğuduktan sonra koyulaşabilir.

BAHARATLAR VE BAHARATLI TATLI PATATES KIZARTMASI ILE TUNUS DOMUZ OMZU

HAZIRLIK: 25 dakika pişirme: 4 saat pişirme: 30 dakika miktar: 4 porsiyon

BU HARIKA YEMEK SOĞUK BIR SONBAHAR GÜNÜNDE. ET FIRINDA SAATLERCE PIŞER, EVINIZIN MIS GIBI KOKMASINI SAĞLAR VE SIZE BAŞKA ŞEYLER YAPMANIZ IÇIN ZAMAN TANIR. FIRINDA TATLI PATATES KIZARTMASI, BEYAZ PATATES GIBI ÇITIR ÇITIR DEĞILDIR, ANCAK ÖZELLIKLE SARIMSAKLI MAYONEZE BATIRILDIKLARINDA KENDILERINE HAS LEZZETLIDIRLER.

DOMUZ ETI

- 1 2½ ila 3 pound kemiksiz domuz omzu
- 2 çay kaşığı öğütülmüş ancho acı biber
- 2 çay kaşığı öğütülmüş kimyon
- 1 çay kaşığı kimyon, ince öğütülmüş
- 1 çay kaşığı öğütülmüş kişniş
- ½ çay kaşığı öğütülmüş zerdeçal
- ¼ çay kaşığı toz tarçın
- 3 kaşık zeytinyağı

KIZARTMA

- 4 orta boy tatlı patates (yaklaşık 2 pound), soyulmuş ve ½ inç kalınlığında dilimler halinde kesilmiş
- ½ çay kaşığı toz kırmızı biber
- ½ çay kaşığı soğan tozu
- ½ çay kaşığı sarımsak tozu
- Zeytin yağı
- 1 soğan, ince dilimlenmiş
- Paleo Aïoli (Sarımsak Mayo) (bkz. yemek tarifi)

1. Fırını 300°F'ye ısıtın. Etin yağını çıkarın. Küçük bir kasede öğütülmüş ancho biberi, öğütülmüş kimyon, kimyon, kişniş, zerdeçal ve tarçını birleştirin. Baharat karışımını etin üzerine serpin; parmaklarınızla etin içine eşit şekilde sürün.

2. 5-6 litre fırına dayanıklı Hollanda fırınında 1 çorba kaşığı zeytinyağını orta-yüksek ateşte ısıtın. Kızgın yağda etin her tarafını kızartın. Örtün ve yaklaşık 4 saat veya çok hassas olana ve bir et termometresi 190 ° F'yi kaydedene kadar kızartın. Hollandalı fırını fırından çıkarın. Siz tatlı patates kızartmasını ve soğanı hazırlarken, 1 çorba kaşığı yağı Hollanda fırını için ayırarak üzeri kapalı olarak bekletin.

3. Fırın sıcaklığını 400°F'ye yükseltin. Tatlı patates kızartması için tatlı patatesleri, kalan 2 yemek kaşığı zeytinyağını, ezilmiş kırmızı biberi, soğan tozunu ve sarımsak tozunu geniş bir kapta birleştirin; bir ceket atmak için. Bir büyük veya iki küçük fırın tepsisini folyo ile kaplayın; ilave zeytinyağı ile fırçalayın. Hazırlanan yaprak(lar)ın üzerine tatlı patatesleri tek bir tabaka halinde yerleştirin. Yaklaşık 30 dakika veya yumuşayana kadar pişirin, tatlı patatesleri pişirme işleminin yarısında bir kez çevirin.

4. Bu sırada eti Hollanda fırınından çıkarın; sıcak tutmak için folyo ile örtün. Yağın 1 çorba kaşığını ayırarak damlamaları boşaltın. İşlenmiş yağı Hollanda fırınına geri koyun. soğan ekleyin; orta ateşte yaklaşık 5 dakika veya yumuşayana kadar ara sıra karıştırarak pişirin.

5. Domuz etini ve soğanı servis tabağına alın. İki çatal kullanarak domuz etini büyük parçalara ayırın. Çekilmiş

domuz eti ve patates kızartmasını Paleo Aïoli ile servis edin.

KÜBA IZGARA DOMUZ OMZU

HAZIRLIK:15 dakika Marine etme: 24 saat Izgara: 2 saat 30 dakika Beklemede: 10 dakika
Yapım: 6 ila 8 porsiyon

MENŞEI ÜLKESINDE "LECHON ASADO" OLARAK BILINEN,BU DOMUZ ROSTOSU, TAZE NARENCIYE SULARI, BAHARATLAR, EZILMIŞ KIRMIZI BIBER VE BÜTÜN BIR SOĞAN KIYILMIŞ SARIMSAK KOMBINASYONUNDA MARINE EDILIR. BIR GECE MARINEDE BEKLETILDIKTEN SONRA KIZGIN KÖMÜRLERIN ÜZERINDE PIŞIRILEREK MÜTHIŞ BIR LEZZET KAZANIYOR.

1 soğan sarımsak, dişleri ayrılmış, soyulmuş ve doğranmış
1 su bardağı iri kıyılmış soğan
1 su bardağı zeytinyağı
1⅓ su bardağı taze limon suyu
⅔ bardak taze portakal suyu
1 kaşık öğütülmüş kimyon
1 kaşık kurutulmuş kekik, ezilmiş
2 çay kaşığı taze çekilmiş karabiber
1 çay kaşığı öğütülmüş kırmızı biber
1 4- ila 5 kiloluk kemiksiz domuz omzu

1. Marine için sarımsağın başını dişlere ayırın. Karanfilleri soyun ve doğrayın; Büyük bir kaseye koyun. Soğan, zeytinyağı, limon suyu, portakal suyu, kimyon, kekik, karabiber ve ezilmiş kırmızı biberi ekleyin. İyice karıştırın ve kenara koyun.

2. Domuz rostosunu bir kemik bıçağıyla tüm yüzeyinden derin bir şekilde delin. Ciğeri dikkatlice turşunun içine koyun ve mümkün olduğu kadar sıvıya batırın. Kaseyi plastik ambalajla sıkıca kapatın. Buzdolabında bir kez çevirerek 24 saat marine edin.

3. Domuz etini marineden çıkarın. Marinayı orta boy bir tencereye dökün. kaynatın; 5 dakika pişirin. Ateşten alın ve soğumaya bırakın. Kenara koyun.

4. Kömürlü ızgara için, damlama tepsisinin etrafına orta-sıcak kömürleri yerleştirin. Tava üzerinde orta ısıyı test edin. Eti damlama tepsisinin üzerindeki ızgara ızgarasına yerleştirin. Örtün ve 2½ ila 3 saat veya anında okunan bir termometre rosto kayıtlarının merkezine 140 ° F yerleştirilene kadar ızgara yapın. (Gazlı ızgara için ızgarayı önceden ısıtın. Isıyı orta seviyeye düşürün. Dolaylı ızgara için ayarlayın. Eti, kapalı olan brülörün üzerindeki ızgara rafına yerleştirin. Belirtildiği gibi örtün ve ızgara yapın.) Eti ızgaradan çıkarın. Folyo ile gevşek bir şekilde örtün ve oymadan veya çekmeden önce 10 dakika dinlendirin.

SEBZELI İTALYAN BAHARATLI DOMUZ ROSTOSU

HAZIRLIK:20 dakika Pişirme: 2 saat 25 dakika Bekleme: 10 dakika Yapım: 8 porsiyon

"TAZE EN IYISIDIR" IYI BIR MANTRADIRÇOĞU ZAMAN YEMEK PIŞIRMEYE GELINCE TAKIP EDIN. BUNUNLA BIRLIKTE, KURUTULMUŞ OTLAR ET OVMA OLARAK ÇOK IYI ÇALIŞIR. OTLAR KURUTULDUĞUNDA TATLARI YOĞUNLAŞIR. ETIN NEMI ILE TEMAS ETTIKLERINDE, MAYDANOZ, REZENE, KEKIK, SARIMSAK VE BAHARATLI EZILMIŞ KIRMIZI BIBERLE TATLANDIRILMIŞ BU İTALYAN USULÜ CIĞERDE OLDUĞU GIBI TATLARINI ETE BIRAKIRLAR.

- 2 yemek kaşığı kuru maydanoz, ezilmiş
- 2 yemek kaşığı rezene tohumu, ezilmiş
- 4 çay kaşığı kurutulmuş kekik, ezilmiş
- 1 çay kaşığı taze çekilmiş karabiber
- ½ çay kaşığı toz kırmızı biber
- 4 diş sarımsak, kıyılmış
- 1 4 kiloluk kemikli domuz omzu
- 1 ila 2 kaşık zeytinyağı
- 1¼ bardak su
- 2 orta boy soğan, soyulmuş ve ay şeklinde kesilmiş
- 1 büyük rezene, ayıklanmış, özlü ve hilal şeklinde kesilmiş
- 2 kilo brüksel lahanası

1. Fırını 325°F'ye ısıtın. Küçük bir kasede maydanoz, rezene tohumu, kekik, karabiber, ezilmiş kırmızı biber ve sarımsağı birleştirin; Bırakmak. Gerekirse domuz rostosunu çözün. Etin yağını çıkarın. Etin her tarafını baharat karışımıyla ovun. İstenirse, kızartmayı bir arada tutmak için karıştırın.

2. Yağı bir Hollanda fırınında orta-yüksek ateşte ısıtın. Kızgın yağda etlerin her tarafını kızartın. Yağı boşaltın. Hollandalı fırına rosto etrafına su dökün. 1½ saat üstü açık olarak pişirin. Soğanı ve rezeneyi domuz rostosu etrafına yerleştirin. Örtün ve 30 dakika daha pişirin.

3. Bu sırada Brüksel lahanalarının saplarını kesin ve dıştaki solmuş yaprakları çıkarın. Brüksel lahanalarını ortadan ikiye kesin. Brüksel lahanalarını Hollanda fırınına ekleyin ve diğer sebzelerin üzerine yerleştirin. Örtün ve 30 ila 35 dakika daha veya sebzeler ve etler yumuşayana kadar kızartın. Eti servis tabağına alın ve üzerini folyo ile kapatın. Dilimlemeden önce 15 dakika bekletin. Kaplamak için tava sularını sebzelerin üzerine dökün. Oluklu bir kaşık kullanarak sebzeleri servis tabağına veya kaseye alın; sıcak tutmak için örtün.

4. Büyük bir kaşık kullanarak tavadaki sıvı yağı alın. Kalan suyu tavadan bir elekten geçirin. Domuzu kesin, kemiği çıkarın. Eti sebze ve tava suları ile servis edin.

YAVAŞ PIŞIRILMIŞ DOMUZ KÖSTEBEĞI

HAZIRLIK:20 dakika yavaş pişirme: 8 ila 10 saat (düşük) veya 4 ila 5 saat (yüksek)
miktar: 8 porsiyon

KIMYON, KIŞNIŞ, KEKIK, DOMATES, BADEM, KURU ÜZÜM, ACI BIBER VE ÇIKOLATA ILE,BU ZENGIN VE BAHARATLI SOSTA ÇOK ŞEY VAR - ÇOK IYI BIR ŞEKILDE. ERTESI GÜN YOLA ÇIKMADAN ÖNCE SABAHA BAŞLAMAK IÇIN MÜKEMMEL BIR ÖĞÜN. EVE GELDIĞINIZDE AKŞAM YEMEĞI NEREDEYSE HAZIRDIR VE EVINIZ HARIKA KOKAR.

- 1 3 kiloluk kemiksiz domuz omzu kızartma
- 1 su bardağı iri kıyılmış soğan
- 3 diş sarımsak, dilimlenmiş
- 1½ su bardağı dana kemik suyu (bkz.yemek tarifi), Tavuk kemiği suyu (bkz.yemek tarifi) veya ilave tuz içermeyen sığır eti veya tavuk suyu
- 1 kaşık öğütülmüş kimyon
- 1 kaşık öğütülmüş kişniş
- 2 çay kaşığı kurutulmuş kekik, ezilmiş
- 1 15 ons tuz eklenmemiş, süzülmüş doğranmış olabilir
- 1 6 ons tuz eklenmemiş domates salçası
- ½ su bardağı dilimlenmiş badem, kavrulmuş (bkz.uç)
- ¼ bardak kükürtlenmemiş altın kuru üzüm veya kuş üzümü
- 2 ons şekersiz çikolata (Scharffen Berger 99% Cocoa Bar gibi), iri kıyılmış
- 1 kurutulmuş bütün ancho veya chipotle acı biber
- 2 4 inç tarçın çubukları
- ¼ bardak kıyılmış taze kişniş
- 1 avokado, soyulmuş, çekirdekli ve ince dilimlenmiş
- 1 misket limonu, dilimler halinde kesin
- ⅓ su bardağı kızartılmış tuzsuz yeşil kabak çekirdeği (isteğe bağlı) (bkz.uç)

1. **Domuz rostosundaki yağı kesin. Gerekirse eti 5-6 litre yavaş pişiriciye sığacak şekilde kesin; Bırakmak.**

2. Yavaş bir tencerede soğan ve sarımsağı birleştirin. 2 fincanlık bir cam ölçüm kabında, sığır kemik suyu, kimyon, kişniş ve kekiği birleştirin; ocağa dökün. Doğranmış domatesleri, salçayı, bademleri, kuru üzümleri, çikolatayı, kuru acı biberi ve çubuk tarçını ilave edip karıştırın. Eti tencereye koyun. Üzerine birer kaşık domatesli karışımdan dökün. Örtün ve düşük seviyede 8 ila 10 saat veya yüksek sıcaklıkta 4 ila 5 saat veya domuz eti yumuşayana kadar pişirin.

3. Domuzu kesme tahtasına aktarın; hafifçe soğutun. İki çatal kullanarak eti parçalara ayırın. Eti folyo ile örtün ve bir kenara koyun.

4. Kurutulmuş biberleri ve tarçın çubuklarını çıkarın ve atın. Büyük bir kaşık kullanarak, domates karışımındaki yağı alın. Domates karışımını bir karıştırıcıya veya mutfak robotuna aktarın. Örtün ve neredeyse pürüzsüz olana kadar karıştırın veya işleyin. Çekilmiş domuz eti ve sosu yavaş pişiriciye geri koyun. Servis saatine kadar 2 saate kadar düşük ısıda sıcak tutun.

5. Servis yapmadan hemen önce kişniş ekleyin. Köstebeği kaselerde servis edin ve avokado dilimleri, limon parçaları ve gerekirse kabak çekirdeği ile süsleyin.

KIMYON BAHARATI ILE DOMUZ ETI VE BALKABAĞI YAHNISI

HAZIRLIK:30 dakika pişirme: 1 saat Yapım: 4 porsiyon

BIBER HARDAL VE BALKABAGIDOĞU AVRUPA TATLARIYLA TATLANDIRILMIŞ BU GÜVECE CANLI RENKLER VE BIR DIZI VITAMIN - LIF VE FOLIK ASIT - EKLEYIN.

1 1¼ ila 1½ pound domuz omzu

1 kaşık kırmızı biber

1 yemek kaşığı kimyon, ince öğütülmüş

2 çay kaşığı kuru hardal

¼ çay kaşığı acı biber

2 yemek kaşığı rafine hindistan cevizi yağı

8 ons taze mantar, ince dilimlenmiş

2 sap kereviz, çapraz olarak 1 inçlik dilimler halinde kesin

1 küçük kırmızı soğan, ince dilimlenmiş

6 diş sarımsak, kıyılmış

5 su bardağı tavuk kemiği suyu (bkz.yemek tarifi) veya ilave tuz içermeyen tavuk suyu

2 su bardağı soyulmuş Balkabagi, doğranmış

3 su bardağı iri kıyılmış, kesilmiş hardal yeşillikleri veya yeşil lahana

2 yemek kaşığı kıyılmış taze adaçayı

¼ fincan taze limon suyu

1. Domuzun yağını kesin. Domuzu 1½ inçlik küpler halinde kesin; Büyük bir kaseye koyun. Küçük bir kapta kırmızı biber, kimyon, kuru hardal ve kırmızı biberi birleştirin. Eşit şekilde kaplamak için savurarak domuz eti üzerine serpin.

2. 4-5 litrelik bir Hollanda fırınında hindistancevizi yağını orta ateşte ısıtın. Etin yarısını ekleyin; ara sıra karıştırarak

kahverengi olana kadar pişirin. Eti tavadan çıkarın. Kalan et ile tekrarlayın. Eti bir kenara koyun.

3. Mantarları, kerevizi, kırmızı soğanı ve sarımsağı Hollanda fırınına ekleyin. Ara sıra karıştırarak 5 dakika pişirin. Eti Hollanda fırınına geri koyun. Tavuk kemik suyunu dikkatlice ekleyin. kaynatın; ısıyı azaltın. Örtün ve 45 dakika pişirin. Kabağı karıştırın. Örtün ve 10 ila 15 dakika daha veya domuz eti ve kabak yumuşayana kadar pişirin. Hardal ve adaçayı karıştırın. 2 ila 3 dakika veya sebzeler yumuşayana kadar pişirin. Limon suyunu karıştırın.

BRENDI SOSLU MEYVELI ÜST KARACIĞER

HAZIRLIK:30 dakika pişirme: 10 dakika pişirme: 1 saat 15 dakika ayakta: 15 dakika miktar: 8 ila 10 porsiyon

BU ZARIF KIZARTMA MÜKEMMELÖZEL BIR GÜN VEYA AILE TOPLANTISI - ÖZELLIKLE SONBAHARDA. ELMA, KÜÇÜK HINDISTAN CEVIZI, KURU MEYVE VE CEVIZ GIBI TATLARI BU SEZONUN ÖZÜNÜ YAKALIYOR. PATATES PÜRESI VE KAVRULMUŞ PANCARDAN YABAN MERSINI SALATASI ILE SERVIS EDILIR (BKZ.YEMEK TARIFI).

PIŞIRIYORUZ

1 kaşık zeytinyağı

2 su bardağı doğranmış, soyulmuş Granny Smith elması (yaklaşık 2 orta boy)

1 arpacık soğan, ince kıyılmış

1 yemek kaşığı kıyılmış taze kekik

¾ çay kaşığı taze çekilmiş karabiber

⅛ çay kaşığı öğütülmüş hindistan cevizi

½ su bardağı doğranmış kükürtsüz kuru kayısı

¼ bardak kıyılmış ceviz, kızartılmış (bkz.uç)

1 su bardağı tavuk kemiği suyu (bkz.yemek tarifi) veya ilave tuz içermeyen tavuk suyu

1 3 kiloluk kemiksiz domuz filetosu (bir fileto)

BRENDI SOSU

2 kaşık elma sirkesi

2 kaşık brendi

1 çay kaşığı Dijon tipi hardal (bkz.yemek tarifi)

Taze çekilmiş karabiber

1. Doldurmak için zeytinyağını büyük bir tavada orta ateşte ısıtın. Elma, arpacık soğanı, kekik, ¼ çay kaşığı kırmızı

biber ve hindistan cevizi ekleyin; 2 ila 4 dakika veya elmalar ve arpacık soğanları yumuşak ve altın rengi olana kadar ara sıra karıştırarak pişirin. Kayısı, ceviz ve 1 çorba kaşığı stokta karıştırın. Kayısıların yumuşaması için 1 dakika kadar ağzı açık pişirin. Ateşten alın ve bir kenara koyun.

2. Fırını 325°F'ye ısıtın. Kızartmanın ortasından uzunlamasına kesilmiş ve diğer tarafın ½ inç içinde kesilmiş kelebek domuz rostosu. Rostoyu açık olarak yayın. Bıçağı, yatay olarak V'nin bir tarafına bakacak şekilde V kesimine yerleştirin ve kenarın ½ inç içinde kesin. V'nin diğer tarafında tekrarlayın. Kızartmayı açın ve streç filmle örtün. Merkezden kenarlara doğru çalışarak, rostoyu yaklaşık ¾ inç kalınlığa gelene kadar bir et çekiçle dövün. Plastik sargıyı çıkarın ve atın. Dolguyu rosto üzerine yayın. Kısa kenardan başlayın ve rostoyu spiral şeklinde sarın. Kızartmayı bir arada tutmak için %100 pamuklu mutfak ipiyle birkaç yerden bağlayın. Kalan ½ çay kaşığı biberi rosto üzerine serpin.

3. Kızartmayı derin olmayan bir fırın tepsisine tel ızgara üzerine alın. Termometreyi kızartmanın ortasına yerleştirin (doldurmaya değil). 1 saat 15 dakika ila 1 saat 30 dakika arasında veya bir termometre 145 ° F'yi kaydedene kadar üstü açık olarak pişirin. Kızartmayı çıkarın ve gevşek bir şekilde folyo ile örtün; Dilimlemeden önce 15 dakika bekletin.

4. Bu arada, brendi sosu için, kalan suyu ve elma şarabını tava damlacıklarına karıştırın ve kızartılmış parçaları sıyırmak için çırpın. Damlamaları orta boy bir tencereye süzün.

kaynatın; yaklaşık 4 dakika veya sos üçte bir oranında azalana kadar pişirin. Brendi ve Dijon hardalı ile karıştırın. Ek baharatlarla tatmak için baharatlayın. Sosu domuz ciğeri ile servis edin.

PORCHETTA USULÜ KIZARMIŞ DOMUZ ETI

HAZIRLIK:15 dakika Marine etme: Geceden: 40 dakika Pişirme: 1 saat Yapım: 6 porsiyon

GELENEKSEL İTALYAN PORCHETTA(BAZEN AMERIKAN İNGILIZCESINDE DOMUZ ETI OLARAK YAZILIR), SARIMSAK, REZENE, BAHARATLAR VE ADAÇAYI VEYA BIBERIYE GIBI BITKILERLE DOLDURULMUŞ, ARDINDAN ŞIŞLENIP TAHTA ÜZERINDE IZGARA YAPILMIŞ KEMIKSIZ BIR BEBEKTIR. AYRICA GENELLIKLE ÇOK TUZLUDUR. BU PALEO VERSIYONU BASITLEŞTIRILMIŞ VE ÇOK LEZZETLI. İSTERSENIZ ADAÇAYI TAZE BIBERIYE ILE DEĞIŞTIRIN VEYA IKI BITKININ KARIŞIMINI KULLANIN.

- 1 2 ila 3 kiloluk kemiksiz domuz filetosu rosto
- 2 kaşık rezene tohumu
- 1 çay kaşığı karabiber
- ½ çay kaşığı toz kırmızı biber
- 6 diş sarımsak, kıyılmış
- 1 yemek kaşığı ince rendelenmiş portakal kabuğu
- 1 yemek kaşığı kıyılmış taze adaçayı
- 3 kaşık zeytinyağı
- ½ bardak sek beyaz şarap
- ½ su bardağı tavuk kemiği suyu (bkz.<u>yemek tarifi</u>) veya ilave tuz içermeyen tavuk suyu

1. Domuz rostosu buzdolabından çıkarılır; 30 dakika oda sıcaklığında bekletin. Bu arada, küçük bir tavada, rezene tohumlarını orta ateşte, sık sık karıştırarak, yaklaşık 3 dakika veya koyu renk ve kokulu olana kadar kızartın; iyi. Bir baharat öğütücüye veya temiz bir kahve öğütücüye

aktarın. Karabiber ve ezilmiş kırmızı biber ekleyin. Orta ince bir kıvamda öğütün. (Toz haline getirmeyin.)

2. Fırını 325°F'ye ısıtın. Küçük bir kasede toz biber, sarımsak, portakal kabuğu, adaçayı ve zeytinyağını macun kıvamına gelene kadar karıştırın. Domuz eti kızartmayı daha küçük bir kızartma tavasında bir tel rafa yerleştirin. Karışımı etin her yerine sürün. (İsterseniz terbiyeli domuz etini 9 x 13 x 2 inçlik bir cam fırın tepsisine koyun. Üzerini streç filmle örtün ve bir gece buzdolabında marine edin. Eti bir fırın tepsisine aktarın ve pişirmeden önce 30 dakika oda sıcaklığında bekletin. .)

3. Domuz etini 1 ila 1½ saat veya anında okunabilen bir termometre rosto kayıtlarının ortasına 145°F yerleştirilene kadar kavurun. Kızartmayı bir kesme tahtası üzerine yerleştirin ve gevşek bir şekilde alüminyum folyo ile örtün. Dilimlemeden önce 10 ila 15 dakika bekletin.

4. Bu sırada tavadaki suyu bir cam ölçü kabına dökün. Yağı üstten ayırın; Bırakmak. Kızartma tavasını ocak brülörü üzerine yerleştirin. Şarabı ve tavuk kemiği suyunu tavaya dökün. Kızarmış parçaları sıyırmak için karıştırarak orta-yüksek ateşte kaynatın. Yaklaşık 4 dakika veya karışım hafifçe azalana kadar pişirin. Ayrılmış tava sularında çırpın; kabile. Eti dilimleyin ve sosla birlikte servis edin.

TOMATILLO ÜZERINDE KAVRULMUŞ DOMUZ FILETOSU

HAZIRLIK:40 dakika ızgara: 10 dakika pişirme: 20 dakika pişirme: 40 dakika bekleme: 10 dakika miktar: 6 ila 8 porsiyon

TOMATILLOS YAPIŞKAN, YUMUŞAK BIR KAPLAMAYA SAHIPTIRKAĞIT GIBI DERILERININ ALTINDA. KABUKLARINI ÇIKARDIKTAN SONRA AKAN SUYUN ALTINDA HIZLICA DURULAYIN VE KULLANIMA HAZIR HALE GETIRIN.

- 1 kiloluk tomatillos, soyulmuş, sapları alınmış ve durulanmış
- 4 serrano acı biber, sapları çıkarılmış, doğranmış ve ikiye bölünmüş (bkz.uç)
- 2 jalapeno biberi, sapları çıkarılmış, doğranmış ve ikiye bölünmüş (bkz.uç)
- 1 büyük sarı tatlı biber, sapları çıkarılmış, çekirdekleri çıkarılmış ve ikiye bölünmüş
- 1 büyük turuncu tatlı biber, sapı çıkarılmış, çekirdekleri çıkarılmış ve ikiye bölünmüş
- 2 kaşık zeytinyağı
- 1 2 ila 2½ kiloluk kemiksiz domuz filetosu rosto
- 1 büyük sarı soğan, soyulmuş, ikiye bölünmüş ve ince dilimlenmiş
- 4 diş sarımsak, kıyılmış
- ¾ bardak su
- ¼ fincan taze limon suyu
- ¼ bardak kıyılmış taze kişniş

1. Broyleri yüksek sıcaklığa ısıtın. Levhayı alüminyum folyo ile hizalayın. Hazırlanan fırın tepsisine tomatillos, serrano chiles, jalapeños ve tatlı biberleri düzenleyin. Sebzeleri 4 inç ateşte iyice kömürleşene kadar ızgara yapın, domatesleri ara sıra çevirin ve kömürleşince sebzeleri yaklaşık 10 ila 15 dakika çıkarın. Serranos, jalapeños ve tomatillos'u bir kaseye koyun. Tatlı biberi bir tabağa koyun. Sebzeleri soğuması için kenara alın.

2. Büyük bir tavada yağı parıldayana kadar orta-yüksek ateşte ısıtın. Domuz rostosu temiz kağıt havlularla kurulayın ve tavaya ekleyin. Kızartmayı eşit şekilde kızartarak her tarafı kızarana kadar pişirin. Kızartmayı bir tabağa aktarın. Isıyı orta seviyeye düşürün. Tavaya soğan ekleyin; pişirin ve 5 ila 6 dakika veya altın rengi olana kadar karıştırın. Sarımsak ekleyin; 1 dakika daha pişirin. Tavayı ocaktan alın.

3. Fırını 350°F'ye ısıtın. Domates sosu için domatesleri, serranoları ve jalapenoları bir mutfak robotu veya karıştırıcıda birleştirin. Pürüzsüz olana kadar örtün ve karıştırın veya işleyin; tavadaki soğana ekleyin. Tavayı tekrar ateşe verin. kaynatın; 4 ila 5 dakika veya karışım koyu ve kalın olana kadar pişirin. Su, limon suyu ve kişnişi karıştırın.

4. Domates sosunu sığ bir fırın tepsisine veya 3 litrelik dikdörtgen bir fırın tepsisine yayın. Domuz rostosu sosun içine koyun. Folyo ile sıkıca kapatın. 40 ila 45 dakika veya pastanın ortasına yerleştirilen anında okunan bir termometre 140 ° F'yi okuyana kadar pişirin.

5. Tatlı biberi şeritler halinde kesin. Tavadaki tomatillo sosuna karıştırın. Folyo ile gevşek bir şekilde çadır; 10 dakika bekletin. dilimlenmiş et; sosu karıştırın. Dilimlenmiş domuz etini domates sosuyla servis edin.

KAYISI ILE DOLDURULMUŞ DOMUZ BEBEK

HAZIRLIK:20 dakika Pişirme: 45 dakika Bekleme: 5 dakika Yapılışı: 2 - 3 porsiyon

- 2 orta boy taze kayısı, kabaca doğranmış
- 2 yemek kaşığı kükürtsüz kuru üzüm
- 2 yemek kaşığı kıyılmış ceviz
- 2 çay kaşığı rendelenmiş taze zencefil
- ¼ çay kaşığı öğütülmüş kakule
- 1 12 ons domuz bonfile
- 1 kaşık zeytinyağı
- 1 yemek kaşığı Dijon usulü hardal (bkz.yemek tarifi)
- ¼ çay kaşığı karabiber

1. Fırını 375°F'ye ısıtın. Bir fırın tepsisini folyo ile kaplayın; fırın tepsisine bir fırın rafı yerleştirin.

2. Küçük bir kapta kayısı, kuru üzüm, ceviz, zencefil ve kakuleyi karıştırın.

3. Domuzun ortasından uzunlamasına bir kesim yapın ve diğer tarafı ½ inç içinde kesin. Kelebek açılır. Domuzu iki kat plastik sargı arasına yerleştirin. Bir et çekiçinin düz tarafını kullanarak eti yaklaşık 1/3 inç kalınlığa gelene kadar hafifçe dövün. Düz bir dikdörtgen oluşturmak için kuyruğun ucunu katlayın. Eti eşit hale getirmek için hafifçe dövün.

4. Kayısı karışımını etin üzerine yayın. Dar ucundan başlayarak, domuz etini sarın. %100 pamuklu mutfak ipiyle önce ortadan, sonra 1 inç aralıklarla bağlayın. Kızartmayı rafa yerleştirin.

5. Zeytinyağı ve Dijon hardalı karıştırın; kızartmayı ovalayın. Kızarmış pirinci biberle serpin. 45 ila 55 dakika veya merkeze yerleştirilen anında okunan bir termometre 140 ° F'yi kaydedene kadar pişirin. Dilimlemeden önce 5 ila 10 dakika bekletin.

ÇITIR SARIMSAK YAĞI ILE BITKI KABUĞU ÜZERINDE DOMUZ BONFILE

HAZIRLIK:15 dakika Pişirme: 30 dakika Kaynatma: 8 dakika Bekleme: 5 dakika Yapılışı: 6 porsiyon

⅓ su bardağı Dijon tarzı hardal (bkz.yemek tarifi)
¼ su bardağı kıyılmış taze maydanoz
2 yemek kaşığı kıyılmış taze kekik
1 yemek kaşığı kıyılmış taze biberiye
½ çay kaşığı karabiber
2 12 ons domuz bonfile
½ su bardağı zeytinyağı
¼ fincan kıyılmış taze sarımsak
¼ ila 1 çay kaşığı ezilmiş kırmızı biber

1. Fırını 450°F'ye ısıtın. Bir fırın tepsisini folyo ile kaplayın; fırın tepsisine bir fırın rafı yerleştirin.

2. Küçük bir kapta hardal, maydanoz, kekik, biberiye ve karabiberi macun kıvamına getirmek için karıştırın. Hardal-bitki karışımını domuzun üstüne ve yanlarına yayın. Domuzu kızartma rafına aktarın. Kızartmayı fırına koyun; ısıyı 375°F'ye düşürün. 30 ila 35 dakika veya fırının ortasına yerleştirilen anında okunan bir termometre 140 ° F'yi kaydedene kadar pişirin. Dilimlemeden önce 5 ila 10 dakika bekletin.

3. Bu arada sarımsak yağı için zeytinyağı ve sarımsağı küçük bir sos tenceresinde karıştırın. Düşük ısıda 8 ila 10 dakika veya sarımsak altın rengi ve gevrek olana kadar pişirin (sarımsağın yanmasına izin vermeyin). Ateşten alın; öğütülmüş kırmızı biberi karıştırın. domuz eti dilimleri; Servis yapmadan önce sarımsak yağını dilimleyin.

HINDISTAN CEVIZI SOSLU HINT BAHARATLI DOMUZ ETI

BAŞLANGIÇTAN BITIME:20 dakika yapar: 2 porsiyon

3 çay kaşığı köri
2 çay kaşığı tuzsuz garam masala
1 çay kaşığı öğütülmüş kimyon
1 çay kaşığı öğütülmüş kişniş
1 12 ons domuz bonfile
1 kaşık zeytinyağı
½ fincan doğal hindistan cevizi sütü (Nature's Way markası gibi)
¼ bardak kıyılmış taze kişniş
2 yemek kaşığı kıyılmış taze nane

1. Küçük bir kasede 2 çay kaşığı köri tozu, garam masala, kimyon ve kişniş karıştırın. Domuz eti ½ inç kalınlığında dilimler halinde kesin; biber serpin. .

2. Büyük bir tavada zeytinyağını orta ateşte ısıtın. Tavaya domuz eti dilimleri ekleyin; bir kez çevirerek 7 dakika pişirin. Domuzu tavadan çıkarın; sıcak tutmak için örtün. Hindistan cevizi sütünü ve kalan 1 çay kaşığı köri tozunu tavaya ekleyin ve herhangi bir parçayı sıyırmak için karıştırın. 2 ila 3 dakika kaynatın. Kişniş ve nane ile karıştırın. Domuz eti ekleyin; tamamen ısınana kadar pişirin, sosu domuz eti üzerine dökün.

BAHARATLI ELMA VE KESTANE ILE DOMUZ SCALOPPINI

HAZIRLIK:20 dakika pişirme: 15 dakika miktar: 4 porsiyon

- 2 12 ons domuz bonfile
- 1 kaşık soğan tozu
- 1 kaşık sarımsak tozu
- ½ çay kaşığı karabiber
- 2 ila 4 yemek kaşığı zeytinyağı
- 2 Fuji veya Pink Lady elması, soyulmuş, çekirdekleri çıkarılmış ve kabaca doğranmış
- ¼ fincan ince kıyılmış arpacık
- ¾ çay kaşığı öğütülmüş tarçın
- ⅛ çay kaşığı öğütülmüş karanfil
- ⅛ çay kaşığı öğütülmüş hindistan cevizi
- ½ su bardağı tavuk kemiği suyu (bkz.yemek tarifi) veya ilave tuz içermeyen tavuk suyu
- 2 kaşık taze limon suyu
- ½ su bardağı kabuklu kavrulmuş kestane, doğranmış* veya kıyılmış ceviz
- 1 yemek kaşığı kıyılmış taze adaçayı

1. Parçayı ½ inç kalınlığında dilimler halinde kesin. Domuz dilimlerini iki plastik sargı arasına yerleştirin. Bir et tokmağının düz tarafı ile ince olana kadar dövün. Dilimleri soğan tozu, sarımsak tozu ve karabiber serpin.

2. 2 yemek kaşığı zeytinyağını büyük bir tavada orta ateşte ısıtın. Domuz etini gruplar halinde 3 ila 4 dakika pişirin, bir kez çevirin ve gerekirse yağ ekleyin. Domuzu bir tabağa aktarın; örtün ve sıcak tutun.

3. Isıyı orta-yüksek seviyeye yükseltin. Elma, arpacık, tarçın, karanfil ve hindistan cevizi ekleyin. 3 dakika pişirin ve karıştırın. Tavuk kemik suyu ve limon suyunu karıştırın.

Örtün ve 5 dakika pişirin. Ateşten alın; kestane ve adaçayı ilave edin. Elma karışımını domuzun üzerine servis edin.

*Not: Kestane pişirmek için fırını 400°F'ye ısıtın. Kestane kabuğunun bir tarafına X işareti koyun, bu pişirme sırasında kabuğun gevşemesini sağlayacaktır. Kestaneleri fırın tepsisine yerleştirin ve 30 dakika ya da kabuk fındıktan ayrılana ve fındıklar yumuşayana kadar pişirin. Kavrulan kestaneleri temiz bir mutfak havlusuna sarın. Sarı-beyaz cevizin kabuklarını ve derisini soyun.

FAJITA DOMUZ KIZARTMASI

HAZIRLIK:20 dakika pişirme: 22 dakika pişirme: 4 porsiyon

2 inçlik şeritler halinde kesilmiş 1 pound domuz bonfile
3 yemek kaşığı tuzsuz fajita baharatı veya Meksika baharatı (bkz.yemek tarifi)
2 kaşık zeytinyağı
1 küçük soğan, ince dilimlenmiş
½ kırmızı tatlı biber, çekirdeksiz ve ince dilimlenmiş
½ turuncu tatlı biber, çekirdekli ve ince dilimlenmiş
1 jalapeño, sapından arındırılmış ve ince dilimlenmiş (bkz.uç) (isteğe bağlı)
½ çay kaşığı kimyon tohumu
1 su bardağı ince dilimlenmiş taze mantar
3 yemek kaşığı taze limon suyu
½ su bardağı kıyılmış taze kişniş
1 tohumlu avokado, soyulmuş ve doğranmış
Arzu edilen salsa (bkz.tarifler)

1. Domuz etinin üzerine 2 yemek kaşığı fajita baharatı serpin. Ekstra büyük bir tavada, 1 çorba kaşığı yağı orta-yüksek ateşte ısıtın. Domuzun yarısını ekleyin; pişirin ve yaklaşık 5 dakika veya artık pembeleşene kadar karıştırın. Eti bir kaseye aktarın ve sıcak kalması için üzerini örtün. Kalan yağ ve domuz eti ile tekrarlayın.

2. Isıyı ortama çevirin. Kalan 1 yemek kaşığı fajita çeşnisini, soğanı, dolmalık biberi, jalapeno biberini ve kimyonu ekleyin. Yaklaşık 10 dakika veya sebzeler yumuşayana kadar pişirin ve karıştırın. Tüm eti ve birikmiş meyve sularını tavaya geri koyun. Mantarları ve limon suyunu karıştırın. Isınana kadar pişirin. Tavayı ocaktan alın; kişnişi karıştırın. Avokado ve istediğiniz salsa ile servis yapın.

LIMAN VE KURU ERIK ILE DOMUZ BONFILE

HAZIRLIK:10 dakika pişirme: 12 dakika ayakta: 5 dakika Yapılır: 4 porsiyon

LIMAN MÜSTAHKEM BIR ŞARAPTIR,YANI FERMANTASYON SÜRECINI DURDURMAK IÇIN BRENDI BENZERI BIR RUH EKLENIR. BU, KIRMIZI SOFRA ŞARABINDAN DAHA FAZLA ARTIK ŞEKER IÇERDIĞI VE BU NEDENLE DAHA TATLI BIR TADA SAHIP OLDUĞU ANLAMINA GELIR. HER GÜN IÇMEK ISTEYECEĞIN BIR ŞEY DEĞIL AMA ARADA BIR YEMEK PIŞIRMEDE BIRAZ KULLANILABILIR.

2 12 ons domuz bonfile
2½ çay kaşığı öğütülmüş kişniş
¼ çay kaşığı karabiber
2 kaşık zeytinyağı
1 arpacık soğan, dilimlenmiş
½ fincan porto şarabı
½ su bardağı tavuk kemiği suyu (bkz.yemek tarifi) veya ilave tuz içermeyen tavuk suyu
20 çekirdeksiz kükürtsüz kuru erik (kuru erik)
½ çay kaşığı toz kırmızı biber
2 çay kaşığı kıyılmış taze tarhun

1. Fırını 400°F'ye ısıtın. Domuz eti üzerine 2 çay kaşığı kişniş ve karabiber serpin.

2. Fırına dayanıklı büyük bir tavada zeytinyağını orta-yüksek ateşte ısıtın. Doldurmayı tavaya ekleyin. Her tarafı kızarana kadar, eşit şekilde kızarana kadar yaklaşık 8 dakika pişirin. Tavayı fırına yerleştirin. Yaklaşık 12 dakika boyunca veya kızartma kayıtlarının merkezine anında okunan bir termometre 140 ° F yerleştirilene kadar üstü

açık olarak pişirin. Mumu bir kesme tahtası üzerine yerleştirin. Alüminyum folyo ile gevşek bir şekilde örtün ve 5 dakika bekletin.

3. Bu sırada sos için tavadaki yağı 1 yemek kaşığı ayırarak süzün. Tavada ayrılmış damlacıklardaki arpacıkları orta ateşte yaklaşık 3 dakika veya kızarana ve yumuşayana kadar pişirin. Bağlantı noktasını tavaya ekleyin. Bir kaynamaya getirin ve kızartılmış parçaları sıyırmak için karıştırın. Tavuk kemik suyu, kuru erik, ezilmiş kırmızı biber ve kalan ½ çay kaşığı kişniş ekleyin. Yaklaşık 1 ila 2 dakika hafifçe azaltmak için orta-yüksek ateşte pişirin. Tarhun ilave edin.

4. Domuzu porsiyonlara bölün ve kuru erik ve sosla servis edin.

HIZLI SALAMURA SEBZELI SALATA KASELERINDE MOO SHU USULÜ DOMUZ ETI

BAŞLANGIÇTAN BITIME: 45 dakika yapar: 4 porsiyon

GELENEKSEL BIR MOO SHU YEMEĞI YEDIYSENIZBIR ÇIN LOKANTASINDA, INCE KREPLERDE TATLI BIR ERIK VEYA ÜZÜM SOSU ILE YENEN LEZZETLI BIR ET-SEBZE DOLGUSU OLDUĞUNU BILIRSINIZ. BU DAHA HAFIF VE DAHA TAZE PALEO VERSIYONUNDA ZENCEFIL VE SARIMSAKLA SOTELENMIŞ DOMUZ ETI, ÇIN LAHANASI VE SHIITAKE MANTARLARI BULUNUR VE KITIR KITIR TURŞU SEBZELERI ILE MARUL DÜRÜMLERININ TADINI ÇIKARIR.

TURŞULUK SEBZELER

1 su bardağı jülyen doğranmış havuç
1 su bardağı julienned daikon turp
¼ bardak doğranmış kırmızı soğan
1 su bardağı şekersiz elma suyu
½ su bardağı elma sirkesi

DOMUZ ETI

2 yemek kaşığı zeytinyağı veya rafine hindistan cevizi yağı
3 yumurta, hafifçe çırpılmış
8 ons domuz filetosu, 2 × 1/2-inç şeritler halinde kesin
2 çay kaşığı öğütülmüş taze zencefil
4 diş sarımsak, kıyılmış
2 su bardağı ince dilimlenmiş napa lahana
1 su bardağı ince dilimlenmiş şitaki mantarı
¼ fincan ince dilimlenmiş soğan
8 yaprak Boston marulu

1. Hızlı salamura sebzeler için havuç, daikon ve soğanı geniş bir kapta birleştirin. Salamura için, elma suyunu ve sirkeyi bir tencerede buhar çıkana kadar ısıtın. Tuzlu suyu kasedeki sebzelerin üzerine dökün; Servise hazır duruma gelene kadar örtün ve soğutun.

2. 1 çorba kaşığı yağı büyük bir tavada orta-yüksek ateşte ısıtın. Yumurtaları bir çırpma teli ile hafifçe çırpın. Tavaya yumurta ekleyin; karıştırmadan dibe oturana kadar yaklaşık 3 dakika pişirin. Yumurtayı esnek bir spatula ile dikkatlice çevirin ve diğer tarafta kızartın. Yumurtayı tavadan bir tabağa kaydırın.

3. Tavayı tekrar ısıtın; kalan 1 yemek kaşığı yağı ekleyin. Domuz şeritlerini, zencefili ve sarımsağı ekleyin. Orta-yüksek ateşte yaklaşık 4 dakika veya domuz eti artık pembe olmayana kadar pişirin ve karıştırın. Lahana ve mantar ekleyin; yaklaşık 4 dakika veya lahana soluncaya, mantarlar yumuşayana ve domuz eti tamamen pişene kadar pişirin ve karıştırın. Tavayı ocaktan alın. Haşlanmış yumurtayı şeritler halinde kesin. Yumurta şeritlerini ve soğanı domuz eti karışımına yavaşça karıştırın. Marul yapraklarında servis edilir ve üzerine salamura sebzeler eklenir.

MACADAMIA FISTIĞI, ADAÇAYI, INCIR VE PATATES PÜRESI ILE DOMUZ PIRZOLASI

HAZIRLIK:15 dakika pişirme: 25 dakika miktar: 4 porsiyon

PATATES PÜRESI ILE BIRLIKTE, ADAÇAYI ILE BU SULU PIRZOLALAR MÜKEMMEL BIR SONBAHAR YEMEĞIDIR VE HIZLI BIR ŞEKILDE DÜZELTILIR, BU NEDENLE YOĞUN BIR HAFTA IÇI GECESI IÇIN MÜKEMMELDIR.

1 ¼ inç kalınlığında dilimlenmiş 4 kemiksiz domuz fileto pirzola
3 yemek kaşığı kıyılmış taze adaçayı
¼ çay kaşığı karabiber
3 yemek kaşığı macadamia fındık yağı
2 pound tatlı patates, soyulmuş ve 1 inçlik parçalar halinde kesilmiş
¾ su bardağı kıyılmış macadamia fıstığı
½ su bardağı doğranmış kuru incir
⅓ su bardağı sığır kemik suyu (bkz.<u>yemek tarifi</u>) veya ilave tuz içermeyen et suyu
1 yemek kaşığı taze limon suyu

1. Domuz pirzolasının her iki tarafına 2 yemek kaşığı adaçayı ve karabiber serpin; parmaklarınızla ovalayın. Orta ateşte büyük bir tavada 2 yemek kaşığı yağı ısıtın. Tavaya pirzola ekleyin; 15 ila 20 dakika veya bitene kadar (145°F) pişirin, pişirmenin yarısında bir kez çevirin. Pirzolaları bir tabağa aktarın; sıcak tutmak için örtün.

2. Bu arada, tatlı patatesleri ve üzerini kapatacak kadar suyu büyük bir tencerede birleştirin. kaynatın; ısıyı azaltın. Örtün ve 10 ila 15 dakika veya patatesler yumuşayana kadar pişirin. Patatesleri boşaltın. Kalan yemek kaşığı

macadamia yağını patateslere ekleyin ve krema kıvamına gelene kadar ezin; sıcak tut

3. Macadamia fıstıklarını sos tavasına ekleyin; kızarana kadar orta ateşte pişirin. Kuru incir ve kalan 1 yemek kaşığı adaçayı ekleyin; 30 saniye pişirin. Tavaya dana kemik suyu ve limon suyunu ekleyin ve kızaran parçaları sıyırmak için karıştırın. Domuz pirzolalarının üzerine bir kaşık sos dökün ve patates püresi ile servis yapın.

BIBERIYE VE LAVANTA ILE TAVADA KAVRULMUŞ DOMUZ PIRZOLASI, ÜZÜM VE KIZARMIŞ CEVIZ ILE

HAZIRLIK:10 dakika pişirme: 6 dakika pişirme: 25 dakika miktar: 4 porsiyon

ÜZÜMLERI DOMUZ PIRZOLASI ILE BIRLIKTE KAVURMAKTATLARINI VE TATLILIKLARINI YOĞUNLAŞTIRIR. ÇITIR ÇITIR KAVRULMUŞ CEVIZLER VE BIR TUTAM TAZE BIBERIYE ILE BIRLIKTE, BU DOYURUCU PIRZOLALAR IÇIN HARIKA BIR SOS OLUŞTURURLAR.

2 yemek kaşığı kıyılmış taze biberiye

1 yemek kaşığı kıyılmış taze lavanta

½ çay kaşığı sarımsak tozu

½ çay kaşığı karabiber

1 ¼ inç kalınlığında dilimlenmiş 4 domuz filetosu pirzolası (yaklaşık 3 pound)

1 kaşık zeytinyağı

1 büyük arpacık, ince dilimlenmiş

1½ su bardağı çekirdeksiz kırmızı ve/veya yeşil üzüm

½ bardak sek beyaz şarap

¾ su bardağı iri kıyılmış ceviz

Kıyılmış taze biberiye

1. Fırını 375°F'ye ısıtın. Küçük bir kasede 2 yemek kaşığı biberiye, lavanta, sarımsak tozu ve yenibaharı birleştirin. Ot karışımını domuz pirzolasına eşit şekilde sürün. Zeytinyağını ekstra büyük, fırına dayanıklı bir tavada orta ateşte ısıtın. Tavaya pirzola ekleyin; 6 ila 8 dakika veya her iki tarafta kızarana kadar pişirin. Pirzolaları bir tabağa aktarın; folyo ile kaplayın.

2. Arpacık soğanlarını tavaya ekleyin. Orta ateşte 1 dakika karıştırarak pişirin. Üzüm ve şarap ekleyin. Kızarmış parçaları sıyırmak için karıştırarak yaklaşık 2 dakika daha pişirin. Domuz pirzolasını tavaya geri koyun. Tavayı fırına koyun; 25 ila 30 dakika veya pirzolalar bitene kadar (145°F) pişirin.

3. Bu sırada cevizleri sığ bir fırın tepsisine yayın. Pirzola ile fırına ekleyin. Yaklaşık 8 dakika veya kızarana kadar kızartın, eşit şekilde kahverengileşmek için bir kez fırlatın.

4. Domuz pirzolasını üzüm ve kavrulmuş cevizle birlikte servis edin. Ek taze biberiye serpin.

IZGARA BROKOLI RABE ILE DOMUZ PIRZOLASI ALLA FIORENTINA

HAZIRLIK:20 dakika ızgara: 20 dakika marine etme: 3 dakika miktar: 4 porsiyonFOTOĞRAF

"ALLA FIORENTINA"TEMELDE "FLORANSA TARZINDA" ANLAMINA GELIR. BU TARIF, ODUN ATEŞINDE EN BASIT TATLARLA IZGARA EDILEN BIR TOSKANA T-BONE OLAN BISTECCA ALLA FIORENTINA'DAN MODELLENMIŞTIR - BITIRMEK IÇIN GENELLIKLE SADECE ZEYTINYAĞI, TUZ, KARABIBER VE TAZE LIMON.

1 pound brokoli rabe

1 kaşık zeytinyağı

4 6 ila 8 ons domuz fileto pirzola, 1,5 ila 2 inç kalınlığında dilimlenmiş

İri öğütülmüş karabiber

1 limon

4 diş sarımsak, ince dilimlenmiş

2 yemek kaşığı kıyılmış taze biberiye

6 taze adaçayı yaprağı, doğranmış

1 çay kaşığı ezilmiş kırmızı biber gevreği (veya tadı)

½ su bardağı zeytinyağı

1. Büyük bir tavada brokoliyi kaynar suda 1 dakika haşlayın. Hemen bir kase buzlu suya aktarın. Soğuduğunda, brokoliyi kağıt havluyla kaplı bir çarşafın üzerine boşaltın ve daha fazla kağıt havlu kullanarak mümkün olduğunca kurulayın. Kağıt havluları fırın tepsisinden çıkarın. 1 çorba kaşığı zeytinyağını brokoli üzerine gezdirin ve kaplamak için fırlatın; ızgara yapmaya hazır olana kadar bir kenara koyun.

2. Domuz pirzolasının her iki tarafına iri çekilmiş karabiber serpin; Bırakmak. Bir sebze soyucu kullanarak limonun kabuklarını soyun (limonu başka bir kullanım için ayırın). Geniş bir servis tabağına limon kabuğu rendesi şeritlerini, kıyılmış sarımsak, biberiye, adaçayı ve kırmızı biberi dizin; Bırakmak.

3. Kömürlü bir ızgara için, sıcak kömürlerin çoğunu ızgaranın bir tarafına taşıyın ve bazı kömürleri ızgaranın diğer tarafının altında bırakın. Pirzolaları doğrudan sıcak kömürlerin üzerinde 2 ila 3 dakika veya kahverengi bir kabuk oluşana kadar ızgara yapın. Pirzolaları çevirin ve diğer tarafta 2 dakika daha kızartın. Pirzolaları ızgaranın diğer tarafına taşıyın. Örtün ve 10 ila 15 dakika veya bitene kadar (145 ° F) ızgara yapın. (Gazlı ızgara için, ızgarayı önceden ısıtın; ızgaranın bir tarafındaki ısıyı orta seviyeye düşürün. Pirzolaları yukarıda belirtildiği gibi yüksek ısıda kavurun. Izgaranın orta ısı tarafına geçin; yukarıda anlatıldığı gibi devam edin.)

4. Pirzolaları bir tabağa koyun. Pirzolaların üzerine ½ su bardağı zeytinyağı gezdirin ve her iki tarafını kaplayacak şekilde çevirin. Servis yapmadan önce pirzolaların 3 ila 5 dakika marine olmasına izin verin, bir veya iki kez çevirerek etin limon kabuğu rendesi, sarımsak ve otların aromasını almasına izin verin.

5. Pirzolalar dinlenirken brokoliyi hafifçe kömürleşecek ve tekrar ısıtılacak şekilde ızgara yapın. Domuz pirzolası ile tabakta brokoli rabe düzenleyin; Servis yapmadan önce her bir pirzola ve brokolinin üzerine kaşıkla marine edin.

ESCAROLE ILE DOLDURULMUŞ DOMUZ PIRZOLASI

HAZIRLIK: 20 dakika pişirme: 9 dakika Yapar: 4 porsiyon

ESCAROLE YEŞIL SALATA OLARAK YENEBILIRVEYA HIZLI BIR GARNITÜR IÇIN ZEYTINYAĞINDA SARIMSAKLA HAFIFÇE SOTELEYIN. BURADA ZEYTINYAĞI, SARIMSAK, KARABIBER, EZILMIŞ KIRMIZI BIBER VE LIMON ILE BIRLIKTE SULU TAVADA KAVRULMUŞ DOMUZ PIRZOLASI IÇIN GÜZEL BIR AÇIK YEŞIL DOLGU OLUŞTURUR.

4 6 ila 8 ons kemikli domuz pirzolası, ¾ inç kalınlığında dilimlenmiş

½ orta boy hindiba, ince kıyılmış

4 kaşık zeytinyağı

1 yemek kaşığı taze limon suyu

¼ çay kaşığı karabiber

¼ çay kaşığı öğütülmüş kırmızı biber

2 büyük diş sarımsak, kıyılmış

Zeytin yağı

1 yemek kaşığı kıyılmış taze adaçayı

¼ çay kaşığı karabiber

⅓ fincan sek beyaz şarap

1. Bir bıçak kullanarak, her domuz pirzolasının kavisli tarafına yaklaşık 2 inç genişliğinde derin bir cep kesin; Bırakmak.

2. Büyük bir kapta hindiba otu, 2 yemek kaşığı zeytinyağı, limon suyu, ¼ çay kaşığı karabiber, ezilmiş kırmızı biber ve sarımsağı karıştırın. Her pirzola karışımının dörtte biri ile doldurun. Pirzolaları zeytinyağı ile kaplayın. Adaçayı ve ¼ çay kaşığı karabiber serpin.

3. Ekstra büyük bir tavada kalan 2 yemek kaşığı zeytinyağını orta-yüksek ateşte ısıtın. Domuz eti altın rengi olana kadar her iki tarafta 4 dakika kızartın. Pirzolaları bir tabağa aktarın. Şarabı tavaya ekleyin ve kızartılmış parçaları kazıyın. Tava sularını 1 dakika azaltın.

4. Servis yapmadan önce tava suyunu pirzolaların üzerine gezdirin.

DIJON CEVIZLI KABUKLU DOMUZ PIRZOLASI

HAZIRLIK:15 dakika pişirme: 6 dakika pişirme: 3 dakika üretim: 4 porsiyon FOTOĞRAF

HARDALLI VE FINDIKLI BU PIRZOLALARYAPMASI DAHA KOLAY OLAMAZDI - VE TATTAKI ÖDÜL, ÇABADAN ÇOK DAHA AĞIR BASAR. TARÇINLA KAVRULMUŞ BALKABAGI ILE DENEYIN (BKZ.YEMEK TARIFI), NEOKLASIK WALDORF SALATASI (BKZ.YEMEK TARIFI) VEYA BRÜKSEL LAHANASI VE ELMA SALATASI (BKZ.YEMEK TARIFI).

- ⅓ su bardağı ince kıyılmış ceviz, kızartılmış (bkz.uç)
- 1 yemek kaşığı kıyılmış taze adaçayı
- 3 kaşık zeytinyağı
- 4 kemikli merkez domuz pirzolası, yaklaşık 1 inç kalınlığında (toplamda yaklaşık 2 pound)
- ½ çay kaşığı karabiber
- 2 kaşık zeytinyağı
- 3 yemek kaşığı Dijon usulü hardal (bkz.yemek tarifi)

1. Fırını 400°F'ye ısıtın. Küçük bir kasede cevizleri, adaçayı ve 1 yemek kaşığı zeytinyağını birleştirin.

2. Domuz pirzolalarını karabiber serpin. Fırına dayanıklı büyük bir tavada kalan 2 yemek kaşığı zeytinyağını yüksek ateşte ısıtın. Pirzola ekleyin; yaklaşık 6 dakika veya her iki tarafı da kızarana kadar bir kez çevirerek pişirin. Tavayı ocaktan alın. Dijon usulü hardalı pirzolaların üzerine yayın; ceviz karışımını serpin, hardalın içine hafifçe bastırın.

3. Tavayı fırına yerleştirin. 3 ila 4 dakika veya pirzolalar bitene kadar (145°F) pişirin.

BÖĞÜRTLEN ISPANAK SALATASI ILE DOMUZ ETI

HAZIRLIK: 30 dakika pişirme: 4 dakika yapar: 4 porsiyon

DOMUZ ETI DOĞAL OLARAK TATLI BIR TADA SAHIPTIRMEYVE ILE IYI GIDER. OLAĞAN ŞÜPHELILER ELMA VE ARMUT GIBI SONBAHAR MEYVELERI VEYA ŞEFTALI, ERIK VE KAYISI GIBI ÇEKIRDEKLI MEYVELER OLSA DA, DOMUZ ETI DE ŞARAP TATLISI BIR TADA SAHIP OLAN BÖĞÜRTLEN ILE LEZZETLIDIR.

1⅔ bardak böğürtlen

1 yemek kaşığı artı 1 ½ çay kaşığı su

3 yemek kaşığı ceviz yağı

1 yemek kaşığı artı 1 ½ çay kaşığı beyaz şarap sirkesi

2 yumurta

¾ su bardağı badem unu

⅓ su bardağı ince kıyılmış ceviz

1 yemek kaşığı artı 1½ çay kaşığı Akdeniz çeşnisi (bkz.yemek tarifi)

4 domuz pirzolası veya kemiksiz domuz filetosu pirzolası (toplam 1 ila 1½ pound)

6 su bardağı taze bebek ıspanak yaprağı

½ su bardağı yırtık taze fesleğen yaprağı

½ bardak doğranmış kırmızı soğan

½ su bardağı kıyılmış ceviz, kavrulmuş (bkz.uç)

¼ fincan rafine hindistan cevizi yağı

1. Böğürtlen sosu için 1 su bardağı böğürtlen ve suyu küçük bir tencerede birleştirin. kaynatın; ısıyı azaltın. Ara sıra karıştırarak veya meyveler yumuşayıp hafif kestane rengine dönene kadar 4 ila 5 dakika pişirin, üzerini kapatın. Ateşten alın; hafifçe soğutun. Süzülmemiş böğürtlenleri bir blender veya mutfak robotuna dökün; örtün ve pürüzsüz olana kadar karıştırın veya işleyin.

Sıkıştırılmış meyveleri bir kaşığın arkasıyla ince bir elekten geçirin; tohumları ve katıları atın. Orta boy bir kapta püre haline getirilmiş meyveleri, ceviz yağını ve sirkeyi birlikte çırpın; Bırakmak.

2. Büyük bir tepsiyi fırın kağıdıyla kaplayın; Bırakmak. Derin bir kapta yumurtaları çatalla güzelce çırpın. Başka bir sığ tabakta badem unu, ⅓ su bardağı ince kıyılmış ceviz ve Akdeniz baharatını birleştirin. Domuz pirzolalarını birer birer yumurtalara ve ardından ceviz karışımına batırın ve eşit şekilde kaplayın. Kaplanmış domuz pirzolalarını hazırlanan fırın tepsisine yerleştirin; Bırakmak.

3. Ispanak ve fesleğeni geniş bir kapta birleştirin. Sebzeleri dört servis tabağına bölüştürün ve tabakların bir kenarına dizin. Kalan ⅔ su bardağı çilek, kırmızı soğan ve ½ su bardağı kavrulmuş ceviz ile süsleyin. Böğürtlen sosu ile gezdirin.

4. Ekstra büyük bir tavada hindistancevizi yağını orta-yüksek ateşte ısıtın. Tavaya domuz pirzolası ekleyin; yaklaşık 4 dakika veya bitene kadar (145°F) bir kez çevirerek pişirin. Domuz pirzolalarını salata tabaklarına ekleyin.

TATLI VE EKŞI KIRMIZI LAHANA ILE DOMUZ ŞINITZEL

HAZIRLIK: 20 dakika pişirme: 45 dakika pişirme: 4 porsiyon

İÇİNDE"PALEO İLKELERI"BU KITABIN BIR KISMI, BADEM UNU (BADEM UNU OLARAK DA ADLANDIRILIR) PALEO OLMAYAN BIR BILEŞEN OLARAK LISTELENMIŞTIR - BADEM UNU DOĞASI GEREĞI KÖTÜ OLDUĞU IÇIN DEĞIL, GENELLIKLE KURABIYE, KEK, KURABIYE VB. BENZERLERINI YAPMAK IÇIN KULLANILDIĞI IÇIN. BUĞDAY UNUNDAN. TRUE PALEO DIET®'IN DÜZENLI BIR PARÇASI OLUN. BIZIMKI GIBI TAVADA KIZARTILMIŞ DOMUZ VEYA KÜMES HAYVANLARINDA INCE DENIZ TARAĞI IÇIN BIR TEPE OLARAK AZAR AZAR KULLANILIR, SORUN DEĞIL.

LAHANA

2 kaşık zeytinyağı

1 bardak doğranmış kırmızı soğan

6 su bardağı ince dilimlenmiş kırmızı lahana (yaklaşık ½ baş)

2 Granny Smith elma, soyulmuş, özlü ve doğranmış

¾ su bardağı taze portakal suyu

3 yemek kaşığı elma sirkesi

½ çay kaşığı kimyon

½ çay kaşığı kereviz tohumu

½ çay kaşığı karabiber

DOMUZ ETI

4 kemiksiz domuz fileto pirzola, ½ inç kalınlığında kesilmiş

2 su bardağı badem unu

1 yemek kaşığı kurutulmuş limon kabuğu

2 çay kaşığı karabiber

¾ çay kaşığı öğütülmüş yenibahar

1 büyük yumurta

¼ fincan badem sütü
3 kaşık zeytinyağı
limon dilimleri

1. Tatlı ve ekşi lahana için zeytinyağını 6 litrelik bir Hollanda fırında orta-düşük ateşte ısıtın. soğan ekleyin; 6 ila 8 dakika veya yumuşayana ve kızarana kadar pişirin. lahana ekleyin; 6 ila 8 dakika veya lahana yumuşayana kadar pişirin ve karıştırın. Elma, portakal suyu, sirke, kimyon, kereviz ve ½ çay kaşığı biber ekleyin. kaynatın; ısıyı minimuma indirin. Örtün ve ara sıra karıştırarak 30 dakika pişirin. Ortaya çıkarın ve sıvı biraz azalana kadar pişirin.

2. Bu arada, domuz eti için pirzolaları iki yaprak streç film veya mumlu kağıt arasına yerleştirin. Bir et tokmağının veya merdanenin düz tarafı ile yaklaşık ¼ inç kalınlığa kadar dövün; Bırakmak.

3. Sığ bir kapta badem unu, kuru limon kabuğu rendesi, 2 çay kaşığı biber ve yenibaharı karıştırın. Başka bir sığ kapta yumurta ve badem sütünü çırpın. Domuz pirzolalarını terbiyeli una hafifçe bulayın, fazla karışımı silkeleyin. Yumurta karışımına batırın, ardından tekrar baharatlı una batırın ve fazlalığı silkeleyin. Kalan pirzola ile tekrarlayın.

4. Büyük bir tavada zeytinyağını orta-yüksek ateşte ısıtın. Tavaya 2 pirzola ekleyin. 6 ila 8 dakika veya pirzolalar altın rengi kahverengi olana ve tamamen pişene kadar bir kez çevirerek pişirin. Pirzolaları ılık bir tabağa aktarın. Kalan 2 pirzola ile tekrarlayın.

5. Pirzolaları lahana ve limon dilimleri ile servis edin.

ELMA-HARDAL PASPAS SOSLU FÜME BEBEK SIRT KABURGALARI

EMMEK:1 saat bekletme: 15 dakika tütsüleme: 4 saat pişirme: 20 dakika yapma: 4 porsiyonFOTOĞRAF

ZENGIN LEZZET VE ETLI DOKUTÜTSÜLENMIŞ KABURGALAR, ONUNLA BIRLIKTE GITMEK IÇIN SERIN VE GEVREK BIR ŞEYE IHTIYAÇ DUYAR. HEMEN HEMEN HER GÜVEÇ UYGUNDUR, ANCAK REZENE (BKZ.YEMEK TARIFIVE RESIMDEBURADA), ÖZELLIKLE IYIDIR.

PIRZOLA
8 ila 10 adet elma veya ceviz ağacı
3 ila 3½ pound domuz fileto bebek sırt kaburga
¼ fincan tütsülenmiş biber (bkz.yemek tarifi)

SOS
1 orta pişmiş elma, soyulmuş, özlü ve ince dilimlenmiş
¼ bardak doğranmış soğan
¼ bardak su
¼ bardak elma sirkesi
2 yemek kaşığı Dijon usulü hardal (bkz.yemek tarifi)
2 ila 3 kaşık su

1. Sigara içmeden en az 1 saat önce odun parçalarını üzerlerini örtecek kadar suya batırın. Kullanmadan önce boşaltın. Kaburgalardaki görünür yağları kesin. Gerekirse, kaburgaların arkasından ince zarı soyun. Kaburgaları geniş bir sığ tavaya yerleştirin. Dumanlı Baharat ile eşit olarak serpin; parmaklarınızla ovalayın. 15 dakika oda sıcaklığında bekletin.

2. Önceden ısıtılmış kömürleri, damlatılan odun parçalarını ve su kabını üreticinin talimatlarına göre duman haznesine

yerleştirin. Tavaya su dökün. Kaburgaları kemik tarafı aşağı gelecek şekilde bir su kabının üzerine ızgara rafına yerleştirin. (Veya kaburgaları kaburgaların üzerine yerleştirin; kaburgaları ızgara rafına yerleştirin.) Örtün ve 2 saat tütsüleyin. Sigara içerken sigara içen kişiyi yaklaşık 225 ° F'de tutun. Sıcaklık ve nemi korumak için gerektiği kadar kömür ve su ekleyin.

3. Bu sırada mop sosu için elma dilimlerini, soğanı ve ¼ su bardağı suyu küçük bir tencerede birleştirin. kaynatın; ısıyı azaltın. Ara sıra karıştırarak veya elma dilimleri yumuşayana kadar 10 ila 12 dakika pişirin. Hafifçe soğutun; süzülmemiş elma ve soğanı bir mutfak robotu veya karıştırıcıya aktarın. Örtün ve pürüzsüz olana kadar işleyin veya karıştırın. Püreyi tencereye geri koyun. Sirke ve Dijon hardalı ile karıştırın. Ara sıra karıştırarak 5 dakika kısık ateşte pişirin. Sosu salata sosu kıvamına getirmek için 2 ila 3 yemek kaşığı su (veya gerektiği kadar daha fazla) ekleyin. Sosu üçe bölün.

4. 2 saat sonra kaburgaları sosun üçte biri ile fırçalayın. Örtün ve 1 saat daha tütsüleyin. Sosun diğer üçte biri ile tekrar fırçalayın. Her nervür levhasını ağır folyoya sarın ve nervürleri tekrar sigara içen kişinin üzerine yerleştirin ve gerekirse üst üste istifleyin. Örtün ve 1 ila 1½ saat daha veya kaburgalar yumuşayana kadar tütsüleyin.*

5. Kaburgaları açın ve sosun kalan üçte birlik kısmıyla kaplayın. Hizmet etmek için kaburgaları kemiklerin arasından dilimleyin.

*İpucu: Kaburgaların hassasiyetini test etmek için, nervür plakalarından birindeki folyoyu dikkatlice çıkarın. Nervür tahtasını, tahtanın üst çeyreğinden tutarak maşayla kaldırın. Kaburga levhasını etli tarafı aşağı bakacak şekilde çevirin. Kaburgalar kırılgansa, kaldırdığınızda tahta parçalanmaya başlamalıdır. Yumuşak değilse, folyoya sarın ve kaburgaları yumuşayana kadar içmeye devam edin.

TAZE ANANAS SALATASI ILE KIRSAL TARZDA IZGARA DOMUZ KABURGA

HAZIRLIK:20 dakika pişirme: 8 dakika pişirme: 1 saat 15 dakika miktar: 4 porsiyon

COUNTRY TARZI DOMUZ KABURGALARI ETLI,UCUZ VE DOĞRU ŞEKILDE IŞLENIRSE - BIR BARBEKÜ SOSU KARMAŞASINDA YAVAŞ VE YAVAŞ PIŞIRILMIŞ GIBI - HAFIFÇE YUMUŞARLAR.

- 2 pound kır tarzı kemikli domuz kaburga
- ¼ çay kaşığı karabiber
- 1 yemek kaşığı rafine hindistan cevizi yağı
- ½ su bardağı taze portakal suyu
- 1½ su bardağı barbekü sosu (bkz.yemek tarifi)
- 3 su bardağı rendelenmiş yeşil ve/veya kırmızı lahana
- 1 su bardağı rendelenmiş havuç
- 2 su bardağı ince kıyılmış ananas
- ⅓ fincan Bright Citrus Vinaigrette (bkz.yemek tarifi)
- Barbekü sosu (bkz.yemek tarifi) (isteğe bağlı)

1. Fırını 350°F'ye ısıtın. Domuz eti biber serpin. Ekstra büyük bir tavada, hindistancevizi yağını orta-yüksek ateşte ısıtın. Domuz kaburga ekleyin; 8 ila 10 dakika veya kızarana ve eşit şekilde kızarana kadar pişirin. Kaburgaları 3 litrelik dikdörtgen bir fırın tepsisine yerleştirin.

2. Sos için portakal suyunu tavaya ekleyin ve kızaran parçaları sıyırmak için karıştırın. 1½ su bardağı barbekü sosuyla karıştırın. Sosu kaburgaların üzerine dökün. Kaburgaları sosla kaplamak için çevirin (gerekirse kaburgaları sosla kaplamak için bir fırça kullanın). Fırın tepsisini alüminyum folyo ile sıkıca kapatın.

3. Kaburgaları 1 saat pişirin. Folyoyu çıkarın ve kaburgaları kızartma tavasındaki sosla fırçalayın. Yaklaşık 15 dakika daha veya kaburgalar yumuşayana ve kızarana ve sos hafifçe koyulaşana kadar pişirin.

4. Bu arada ananas salatası için lahana, havuç, ananas ve parlak turunçgil salatasını karıştırın. Servis zamanına kadar örtün ve soğutun.

5. Kaburga rosto ve gerekirse barbekü sosu ile servis edilir.

BAHARATLI DOMUZ GÜVEÇ

HAZIRLIK:20 dakika pişirme: 40 dakika pişirme: 6 porsiyon

BU GULAŞ MACAR TARZINDA SERVIS EDILIR.BIR YEMEK IÇIN GEVREK, ZAR ZOR SOLMUŞ LAHANA YATAĞINDA. VARSA HAVANDA KIMYONU HAVANDA DÖVÜN. DEĞILSE, YUMRUĞUNUZLA BIÇAĞA HAFIFÇE BASTIRARAK BIR ŞEF BIÇAĞININ GENIŞ TARAFININ ALTINDA EZIN.

GULAŞ

1½ pound öğütülmüş domuz eti

2 su bardağı doğranmış kırmızı, turuncu ve/veya sarı dolmalık biber

¾ fincan ince kıyılmış kırmızı soğan

1 küçük taze kırmızı biber, çekirdekleri çıkarılmış ve ince doğranmış (bkz.uç)

4 çay kaşığı tütsülenmiş biber (bkz.yemek tarifi)

1 çay kaşığı kimyon, ezilmiş

¼ çay kaşığı öğütülmüş mercanköşk veya kekik

1 14 onsluk doğranmış domatesleri tuz ilave etmeden, süzmeden

2 yemek kaşığı kırmızı şarap sirkesi

1 yemek kaşığı ince rendelenmiş limon kabuğu

⅓ su bardağı kıyılmış taze maydanoz

LAHANA

2 kaşık zeytinyağı

1 orta boy soğan, dilimlenmiş

1 küçük baş yeşil veya kırmızı lahana, çekirdekleri çıkarılmış ve ince dilimlenmiş

1. Güveç için, kıymayı, dolmalık biberi ve soğanı büyük bir Hollanda fırınında orta-yüksek ateşte 8 ila 10 dakika veya domuz eti artık pembeleşinceye ve sebzeler gevrekleşinceye kadar tahta bir kaşıkla karıştırarak pişirin. kaşık. eti öğütün. Yağı boşaltın. Isıyı düşük seviyeye indirin; kırmızı pul biber, közlenmiş biber,

kimyon ve mercanköşk ekleyin. Örtün ve 10 dakika pişirin. Sıkılmamış domatesleri ve sirkeyi ekleyin. kaynatın; ısıyı azaltın. 20 dakika üzeri kapalı olarak kaynatın.

2. Bu arada, lahana için yağı orta boy bir tavada ısıtın. Soğanı ekleyin ve yumuşayana kadar yaklaşık 2 dakika pişirin. lahana ekleyin; birleştirmek için karıştırın. Isıyı düşük seviyeye indirin. Ara sıra karıştırarak yaklaşık 8 dakika veya lahana yumuşayana kadar pişirin.

3. Servis etmek için lahana karışımından bir parçayı bir tabağa koyun. Gulaşı üstüne yerleştirin ve limon kabuğu rendesi ve maydanoz serpin.

KIYILMIŞ REZENE VE SOTELENMIŞ SOĞAN ILE MARINARA İTALYAN SOSISLI KÖFTE

HAZIRLIK:30 dakika Pişirme: 30 dakika Pişirme: 40 dakika Yapılışı: 4 - 6 porsiyon

BU TARIF NADIR BIR ÖRNEKTIRTAZE VERSIYONDAN DAHA IYI OLMASA DA AYNI DERECEDE IYI ÇALIŞAN KONSERVE ÜRÜN. ÇOK AMA ÇOK OLGUN DOMATESLERINIZ YOKSA TAZE DOMATES SOSUNDA KONSERVE DOMATES KADAR IYI BIR KIVAM ELDE EDEMEZSINIZ. SADECE ILAVE TUZ IÇERMEYEN VE DAHA DA IYISI ORGANIK OLAN BIR ÜRÜN KULLANDIĞINIZDAN EMIN OLUN.

KÖFTELER

- 2 büyük yumurta
- ½ su bardağı badem unu
- 8 diş sarımsak, kıyılmış
- 6 yemek kaşığı sek beyaz şarap
- 1 kaşık kırmızı biber
- 2 çay kaşığı karabiber
- 1 çay kaşığı rezene tohumu, ince öğütülmüş
- 1 çay kaşığı kurutulmuş kekik, ezilmiş
- 1 çay kaşığı kuru kekik, ezilmiş
- ¼ ila ½ çay kaşığı acı biber
- 1½ pound öğütülmüş domuz eti

YAT LIMANI

- 2 kaşık zeytinyağı
- 2 15 onsluk kutu tuzsuz ezilmiş domates veya bir adet 28 onsluk tuzsuz ezilmiş domates
- ½ su bardağı kıyılmış taze fesleğen
- 3 orta boy rezene ampulü, ikiye bölünmüş, özlü ve ince dilimlenmiş
- 1 büyük tatlı soğan, ikiye bölünmüş ve ince dilimlenmiş

1. Fırını 375°F'ye ısıtın. Geniş kenarlı bir fırın tepsisine pişirme kağıdı serin; Bırakmak. Geniş bir kapta yumurta, badem unu, 6 diş kıyılmış sarımsak, 3 yemek kaşığı şarap, kırmızı biber, 1½ çay kaşığı karabiber, rezene tohumu, kekik, kekik ve acı biberi çırpın. Domuz eti ekleyin; iyice karıştırın. Domuz eti karışımını 1,5 inçlik köfteler haline getirin (yaklaşık 24 köfte olmalıdır); hazırlanan fırın tepsisine tek kat halinde yerleştirin. Yaklaşık 30 dakika veya kızarana kadar pişirin, pişirme sırasında bir kez çevirin.

2. Bu arada marinara sosu için 1 çorba kaşığı zeytinyağını 4-6 litre Hollanda fırınında ısıtın. Kalan 2 diş kıyılmış sarımsağı ekleyin; yaklaşık 1 dakika veya kahverengileşmeye başlayana kadar pişirin. Kalan 3 yemek kaşığı şarabı, ezilmiş domatesleri ve fesleğenleri hızlıca ekleyin. kaynatın; ısıyı azaltın. 5 dakika ağzı kapalı olarak kaynatın. Pişen köfteleri marinara sosuna dikkatlice karıştırın. Örtün ve 25 ila 30 dakika pişirin.

3. Bu arada, büyük bir tavada kalan 1 yemek kaşığı zeytinyağını orta ateşte ısıtın. Kıyılmış maydanoz ve soğanı katıp karıştırın. Sık sık karıştırarak 8 ila 10 dakika veya yumuşayana ve kızarana kadar pişirin. Kalan ½ çay kaşığı karabiber ile tatlandırın. Köfteleri ve marinara sosunu rezene ve soğan sote ile servis edin.

FESLEĞEN VE ÇAM FISTIĞI ILE DOMUZ ETI ILE DOLDURULMUŞ KABAK TEKNELERI

HAZIRLIK:20 dakika pişirme: 22 dakika pişirme: 20 dakika üretim: 4 porsiyon

ÇOCUKLAR BU EĞLENCELI YEMEĞE BAYILACAKIÇI OYULMUŞ KABAKTAN KIYILMIŞ DOMUZ ETI, DOMATES VE TATLI BIBERLE DOLDURULMUŞ. İSTERSENIZ 3 YEMEK KAŞIĞI FESLEĞENLI PESTO SOS EKLEYIN (BKZ.YEMEK TARIFI) YERINE TAZE FESLEĞEN, MAYDANOZ VE ÇAM FISTIĞI.

- 2 orta boy kabak
- 1 yemek kaşığı sızma zeytinyağı
- 12 ons öğütülmüş domuz eti
- ¾ bardak doğranmış soğan
- 2 diş sarımsak, kıyılmış
- 1 su bardağı doğranmış domates
- ⅔ fincan ince kıyılmış sarı veya turuncu dolmalık biber
- 1 çay kaşığı rezene tohumu, ince öğütülmüş
- ½ çay kaşığı öğütülmüş kırmızı biber gevreği
- ¼ fincan kıyılmış taze fesleğen
- 3 yemek kaşığı kıyılmış taze maydanoz
- 2 yemek kaşığı kavrulmuş çam fıstığı (bkz.uc) ve kabaca doğranmış
- 1 çay kaşığı ince rendelenmiş limon kabuğu

1. Fırını 350°F'ye ısıtın. Kabağı uzunlamasına ikiye bölün ve ¼ inç kalınlığında bir kabuk bırakarak merkezini dikkatlice kazıyın. Kabağın etini kabaca doğrayın ve bir kenara koyun. Kabak yarımlarını, kesilmiş tarafları yukarı bakacak şekilde alüminyum folyo ile kaplı bir tabakaya yerleştirin.

2. Doldurmak için zeytinyağını büyük bir tavada orta-yüksek ateşte ısıtın. Kıyma domuz eti ekleyin; eti parçalamak için bir tahta kaşıkla karıştırarak pembeleşinceye kadar pişirin. Yağı boşaltın. Isıyı orta seviyeye düşürün. Ayrılmış kabak posası, soğan ve sarımsak ekleyin; pişirin ve yaklaşık 8 dakika veya soğan yumuşayana kadar karıştırın. Domates, tatlı biber, rezene tohumu ve ezilmiş kırmızı biberi ilave edip karıştırın. Yaklaşık 10 dakika veya domatesler yumuşayana ve parçalanmaya başlayana kadar pişirin. Tavayı ocaktan alın. Fesleğen, maydanoz, çam fıstığı ve limon kabuğu rendesini ekleyip karıştırın. İç harcı kabakların arasına paylaştırın ve hafifçe üst üste koyun. 20 ila 25 dakika veya kabak kabukları gevrek olana kadar pişirin.

HINDISTAN CEVIZI SÜTÜ VE OTLAR ILE KÖRI VE ANANAS 'ERIŞTE' KASELERI

HAZIRLIK:30 dakika pişirme: 15 dakika pişirme: 40 dakika miktar: 4 porsiyon<u>FOTOĞRAF</u>

1 adet büyük spagetti kabağı
2 yemek kaşığı rafine hindistan cevizi yağı
1 kiloluk domuz eti
2 yemek kaşığı ince kıyılmış soğan
2 yemek kaşığı taze limon suyu
1 yemek kaşığı öğütülmüş taze zencefil
6 diş sarımsak, kıyılmış
1 kaşık öğütülmüş limon otu
1 yemek kaşığı Tay usulü tuzsuz kırmızı köri
1 su bardağı kıyılmış kırmızı tatlı biber
1 bardak doğranmış soğan
½ su bardağı jülyen doğranmış havuç
1 adet bebek Çin lahanası, dilimlenmiş (3 su bardağı)
1 su bardağı doğranmış taze mantar
1 veya 2 ince dilimlenmiş Tay kuş biberi (bkz.<u>uç</u>)
1 13,5 onsluk doğal hindistan cevizi sütü kutusu (Nature's Way gibi)
½ su bardağı tavuk kemiği suyu (bkz.<u>yemek tarifi</u>) veya ilave tuz içermeyen tavuk suyu
¼ fincan taze ananas suyu
3 yemek kaşığı ilave yağ içermeyen tuzsuz kaju yağı
1 su bardağı taze doğranmış ananas
Kireç takozlar
Taze kişniş, nane ve/veya Tay fesleğen
Kıyılmış kavrulmuş kaju

1. Fırını 400°F'ye ısıtın. Spagettiyi mikrodalgada 3 dakika yüksekte ezin. Balkabağı dikkatlice uzunlamasına ikiye bölün ve tohumları kazıyın. Balkabağının kesik kenarlarına 1 yemek kaşığı hindistancevizi yağı sürün. Kabak yarımlarını kesilmiş tarafı aşağı gelecek şekilde bir fırın tepsisine yerleştirin. 40 ila 50 dakika veya kabak bir bıçakla kolayca delinene kadar pişirin. Etleri kabuklarından çatalla sıyırın ve servise hazır olana kadar sıcak tutun.

2. Bu arada orta boy bir kapta domuz eti, yeşil soğan, limon suyu, zencefil, sarımsak, limon otu ve köri tozunu birleştirin; iyice karıştırın. Ekstra büyük bir tavada kalan 1 yemek kaşığı hindistancevizi yağını orta-yüksek ateşte ısıtın. Domuz karışımı ekleyin; eti parçalamak için bir tahta kaşıkla karıştırarak pembeleşinceye kadar pişirin. Dolmalık biber, soğan ve havuç ekleyin; pişirin ve yaklaşık 3 dakika veya sebzeler yumuşayana kadar karıştırın. Bok choy, mantar, kırmızı biber, hindistan cevizi sütü, tavuk kemiği suyu, ananas suyu ve kaju ezmesini karıştırın. kaynatın; ısıyı azaltın. ananas ekleyin; tamamen ısınana kadar kapağı açık olarak pişirin.

3. Servis etmek için balkabağı spagettisini dört servis kasesine bölün. Domuz körisini balkabağından geçirin. Kireç dilimleri, otlar ve kaju fıstığı ile servis yapın.

BAHARATLI SALATALIK SALATASI ILE BAHARATLI IZGARA DOMUZ KÖFTESI

HAZIRLIK:30 dakika ızgara: 10 dakika ayakta: 10 dakika miktar: 4 porsiyon

ÇITIR ÇITIR SALATALIKTAZE NANE ILE TATLANDIRILMIŞ, BAHARATLI DOMUZ BURGERLERINE SERIN VE CANLANDIRICI BIR KATKIDIR.

- ⅓ su bardağı zeytinyağı
- ¼ su bardağı kıyılmış taze nane
- 3 yemek kaşığı beyaz şarap sirkesi
- 8 diş sarımsak, kıyılmış
- ¼ çay kaşığı karabiber
- 2 orta boy salatalık, çok ince dilimlenmiş
- 1 küçük soğan, ince dilimlenmiş (yaklaşık ½ bardak)
- 1¼ ila 1½ pound öğütülmüş domuz eti
- ¼ bardak kıyılmış taze kişniş
- 1 ila 2 orta boy taze jalapeño veya serrano chiles, çekirdekleri çıkarılmış (gerekirse) ve ince kıyılmış (bkz.uç)
- 2 orta boy kırmızı tatlı biber, tohumlanmış ve dörde bölünmüş
- 2 kaşık zeytinyağı

1. Geniş bir kapta ⅓ su bardağı zeytinyağı, nane, sirke, 2 diş kıyılmış sarımsak ve karabiberi çırpın. Doğranmış salatalık ve soğan ekleyin. İyi kaplanana kadar fırlatın. Bir veya iki kez karıştırarak servis yapmaya hazır olana kadar örtün ve soğutun.

2. Büyük bir kapta domuz eti, kişniş, acı biber ve kalan 6 diş kıyılmış sarımsağı birleştirin. Dört ¾ inç kalınlığında köfteye şekil verin. Biber çeyreklerini 2 çay kaşığı zeytinyağı ile hafifçe ovun.

3. Kömürlü veya gazlı ızgarada köfteleri ve tatlı biber çeyreklerini doğrudan orta ateşte koyun. Domuz eti köftelerinin kenarlarına yerleştirilen anında okunan bir termometre 160 ° F'yi kaydedene ve biber çeyrekleri yumuşak ve hafifçe kömürleşene kadar üzerini örtün ve ızgara yapın, köfteleri ve biber çeyreklerini ızgaranın yarısında çevirin. Köfteler için 10 ila 12 dakika ve dörde bölünmüş biberler için 8 ila 10 dakika bekleyin.

4. Çeyrek biber bittiğinde, tamamen kapatmak için bir parça folyoya sarın. Yaklaşık 10 dakika veya işlenecek kadar soğuyana kadar bekletin. Keskin bir bıçak kullanarak biberin kabuklarını dikkatlice soyun. Biber çeyreklerini uzunlamasına ince dilimler halinde kesin.

5. Servis yaparken salatalık salatasını karıştırın ve dört büyük servis tabağına eşit şekilde kaşıklayın. Her tabağa bir domuz köftesi ekleyin. Kırmızıbiber dilimlerini köftelerin üzerine eşit şekilde dizin.

KURUTULMUŞ DOMATES PESTO, TATLI BIBER VE İTALYAN SOSISI ILE KABAK KABUKLU PIZZA

HAZIRLIK:30 dakika pişirme: 15 dakika pişirme: 30 dakika üretim: 4 porsiyon

BU BIÇAK VE ÇATAL PIZZA.SOSIS VE BIBERLERI PESTO KAPLI KABUĞA HAFIFÇE BASTIRDIĞINIZDAN EMIN OLUN, BÖYLECE SOSLAR PIZZANIN DÜZGÜN BIR ŞEKILDE DILIMLENMESI IÇIN YETERINCE YAPIŞIR.

2 kaşık zeytinyağı
1 yemek kaşığı ince çekilmiş badem
1 büyük yumurta, hafifçe dövülmüş
½ su bardağı badem unu
1 yemek kaşığı kıyılmış taze kekik
¼ çay kaşığı karabiber
3 diş sarımsak, kıyılmış
3½ su bardağı rendelenmiş kabak (2 orta boy)
İtalyan sosisi (bkz.yemek tarifi, altında)
1 yemek kaşığı sızma zeytinyağı
1 tatlı biber (sarı, kırmızı veya her birinin yarısı), tohumlanmış ve çok ince şeritler halinde kesilmiş
1 küçük soğan, ince dilimlenmiş
Kurutulmuş domates pesto (bkz.yemek tarifi, altında)

1. Fırını 425°F'ye ısıtın. 12 inçlik bir pizza tavasını 2 yemek kaşığı zeytinyağı ile fırçalayın. Öğütülmüş badem serpin; Bırakmak.

2. Üzeri için yumurta, badem unu, kekik, karabiber ve sarımsağı geniş bir kapta karıştırın. Rendelenmiş

kabakları temiz bir havlu veya tülbentin içine koyun. sıkıca sarın

IZGARA KUŞKONMAZ ILE FÜME LIMON-KIŞNIŞ KUZU BUDU

EMMEK:30 dakika hazırlama: 20 dakika ızgara: 45 dakika bekleme süresi: 10 dakika miktar: 6 ila 8 porsiyon

BU YEMEK BASIT AMA ZARİFİLKBAHARDA KENDINE GELEN IKI MALZEME - KUZU ETI VE KUŞKONMAZ. KIŞNIŞ TOHUMLARININ KIZARTILMASI, SICAK, DÜNYEVI, HAFIF BAHARATLI TADI ARTTIRIR.

1 su bardağı ceviz ağacı talaşı
2 kaşık kişniş tohumu
2 yemek kaşığı ince rendelenmiş limon kabuğu
1½ çay kaşığı karabiber
2 yemek kaşığı kıyılmış taze kekik
1 2 ila 3 kiloluk kemiksiz kuzu budu
2 demet taze kuşkonmaz
1 kaşık zeytinyağı
¼ çay kaşığı karabiber
1 limon, dörde bölünmüş

1. Ceviz cipsini sigara içmeden en az 30 dakika önce üzerini kapatacak kadar suda ıslatın; Bırakmak. Bu arada, küçük bir tavada kişniş tohumlarını orta ateşte yaklaşık 2 dakika veya kokulu ve çıtır çıtır olana kadar sık sık karıştırarak kızartın. Tohumları tavadan çıkarın; soğumaya bırakın. Tohumlar soğuduğunda, onları bir havanda kabaca ezin (veya tohumları bir tahtaya koyun ve bir tahta kaşığın arkasıyla ezin). Küçük bir kasede ezilmiş kişniş tohumları, limon kabuğu rendesi, 1½ çay kaşığı yenibahar ve kekiği birleştirin; Bırakmak.

2. Varsa fileyi kuzu rostodan çıkarın. Tezgaha rostoyu yağlı tarafı alta gelecek şekilde açın. Baharat karışımının yarısını etin üzerine serpin; parmaklarınızla ovalayın. Ciğeri sarın ve %100 pamuktan yapılmış dört ila altı adet mutfak ipi ile bağlayın. Kalan baharat karışımını kızartmanın dışına serpin ve yapışması için hafifçe bastırın.

3. Kömürlü ızgara için, damlama tepsisinin etrafına orta-sıcak kömürleri yerleştirin. Tava üzerinde orta ısıyı test edin. Süzülmüş talaşları kömürlerin üzerine serpin. Kuzu kızartmayı bir damlama tepsisindeki rafa yerleştirin. Örtün ve orta (145°F) sıcaklıkta 40 ila 50 dakika tütsüleyin. (Gazlı ızgara için, ızgarayı önceden ısıtın. Isıyı ortama düşürün. Dolaylı pişirme için ayarlayın. Üreticinin talimatlarına göre süzülmüş talaşların eklenmesi dışında yukarıdaki gibi tütsüleyin.) Kızartmayı gevşek bir şekilde folyo ile kaplayın. Dilimlemeden önce 10 dakika bekletin.

4. Bu sırada kuşkonmazın odunsu uçlarını kesin. Büyük bir kapta kuşkonmazı zeytinyağı ve ¼ çay kaşığı biberle karıştırın. Kuşkonmazı ızgaranın dış kenarlarına, doğrudan kömürlerin üzerine ve ızgara ızgarasına dik olacak şekilde yerleştirin. Örtün ve gevrek olana kadar 5 ila 6 dakika ızgara yapın. Kuşkonmazın üzerine limon dilimleri sıkın.

5. Kuzu rostodan ipi çıkarın ve eti ince dilimler halinde kesin. Eti ızgara kuşkonmazla servis ediyoruz.

KUZU GÜVEÇ

HAZIRLIK:Pişirme: 30 dakika: 2 saat 40 dakika: 4 porsiyon

BU LEZZETLI GÜVEÇ ILE IÇINI ISITINBIR SONBAHAR VEYA KIŞ GECESI. GÜVEÇ, DIJON HARDALI, KAJU KREMASI VE FRENK SOĞANI ILE TATLANDIRILMIŞ KEREVIZ KÖKÜ VE YABAN HAVUCUNUN KADIFEMSI BIR PÜRESI ÜZERINDE SERVIS EDILIR. NOT: KEREVIZ KÖKÜNE BAZEN KEREVIZ DENIR.

10 tane karabiber
6 adaçayı yaprağı
3 bütün yenibahar
2 2 inçlik portakal kabuğu şeritleri
2 pound kemiksiz kuzu omuz
3 kaşık zeytinyağı
2 orta boy soğan, kabaca doğranmış
1 14,5 ons tuz eklenmemiş domates, süzülmüş değil doğranmış olabilir
1½ su bardağı dana kemik suyu (bkz.yemek tarifi) veya ilave tuz içermeyen et suyu
¾ fincan sek beyaz şarap
3 büyük diş sarımsak, ezilmiş ve soyulmuş
2 pound kereviz kökü, soyulmuş ve 1 inçlik küpler halinde kesilmiş
6 orta boy yaban havucu, soyulmuş ve 1 inçlik dilimler halinde kesilmiş (yaklaşık 2 pound)
2 kaşık zeytinyağı
2 yemek kaşığı kaju kreması (bkz.yemek tarifi)
1 yemek kaşığı Dijon usulü hardal (bkz.yemek tarifi)
¼ fincan kıyılmış frenk soğanı

1. Buket garni için 7 inçlik bir tülbent kare kesin. Tülbentin ortasına karabiber, adaçayı, yenibahar ve portakal kabuğunu yerleştirin. Tülbentin köşelerini kaldırın ve %100 pamuklu temiz mutfak ipiyle sıkıca bağlayın. Kenara koyun.

2. Kuzu omzundaki yağı kesin; kuzu eti 1 inçlik parçalar halinde kesin. Orta ateşte Hollandalı bir fırında 3 yemek kaşığı zeytinyağını ısıtın. Kuzu eti gerekirse partiler halinde kızgın yağda kızarana kadar pişirin; tavadan çıkarın ve sıcak tutun. Tavaya soğan ekleyin; 5 ila 8 dakika veya yumuşayana ve hafifçe kızarana kadar pişirin. Buket garni, süzülmemiş domates, 1¼ su bardağı dana kemik suyu, şarap ve sarımsağı ekleyin. kaynatın; ısıyı azaltın. Ara sıra karıştırarak 2 saat kapağı kapalı olarak pişirin. Buket garniyi çıkarın ve atın.

3. Bu sırada püre için kereviz ve yaban havucunu büyük bir tencereye koyun; su ile örtün. Orta-yüksek ateşte kaynatın; ısıyı minimuma indirin. Örtün ve 30 ila 40 dakika veya sebzeler bir çatalla delindiğinde yumuşayana kadar hafifçe pişirin. Deşarj; sebzeleri bir mutfak robotuna koyun. Kalan ¼ su bardağı dana kemik suyu ve 2 yemek kaşığı yağı ekleyin; lapa neredeyse pürüzsüz olana ancak yine de bir miktar dokuya sahip olana kadar nabız atın, kenarlarını sıyırmak için bir veya iki kez durun. Püreyi bir kaseye aktarın. Kaju kreması, hardal ve frenk soğanı ile karıştırın.

4. Servis yapmak için yulaf lapasını dört kaseye bölün; Kuzu Güveç ile doldurun.

KEREVIZ VE KÖK ERIŞTE ILE KUZU YAHNISI

HAZIRLIK:30 dakika pişirme: 1 saat 30 dakika Yapım: 6 porsiyon

KÖK KEREVIZ TAMAMEN FARKLI BIR YAKLAŞIM BENIMSIYORKUZU GÜVEÇTE OLDUĞU GIBI BU GÜVEÇTE ŞEKIL VERIN (BKZ.YEMEK TARIFI). ÇOK INCE TATLI VE CEVIZLI KÖK ŞERITLERI OLUŞTURMAK IÇIN BIR MANDOLIN DILIMLEYICI KULLANILIR. "ERIŞTELERI" YUMUŞAYANA KADAR GÜVEÇTE PIŞIRIN.

2 çay kaşığı limon otu baharatı (bkz.yemek tarifi)
1½ pound kızarmış kuzu, 1 inçlik küpler halinde kesin
2 kaşık zeytinyağı
2 bardak doğranmış soğan
1 su bardağı doğranmış havuç
1 su bardağı doğranmış pancar
1 yemek kaşığı kıyılmış sarımsak (6 diş)
2 yemek kaşığı tuz eklemeden domates püresi
½ bardak sek kırmızı şarap
4 su bardağı dana kemik suyu (bkz.yemek tarifi) veya ilave tuz içermeyen et suyu
1 defne yaprağı
2 su bardağı 1 inç küp balkabagi
1 su bardağı doğranmış patlıcan
1 pound kereviz kökü, soyulmuş
Kıyılmış taze maydanoz

1. Fırını 250°F'ye ısıtın. Limon otu çeşnisini kuzunun üzerine eşit şekilde serpin. Yavaşça kaplamak için atın. 6-8 litrelik bir Hollanda fırınını orta-yüksek ateşte ısıtın. Hollandalı fırına 1 çorba kaşığı zeytinyağı ve terbiyeli kuzu yarısını ekleyin. Eti her taraftan kızgın yağda kızartın; kavrulmuş

eti bir tabağa aktarın ve kalan kuzu eti ve zeytinyağı ile tekrarlayın. Isıyı orta seviyeye düşürün.

2. Soğanı, havucu ve pancarı tencereye ekleyin. Sebzeleri 4 dakika pişirin ve karıştırın; sarımsak ve domates püresini ekleyip 1 dakika daha pişirin. Kırmızı şarabı, dana kemik suyunu, defne yaprağını ve ayrılmış eti ve varsa birikmiş meyve sularını tencereye ekleyin. Karışımı kaynatın. Hollandalı fırını örtün ve önceden ısıtılmış fırına yerleştirin. 1 saat pişirin. Balkabagi ve patlıcanı karıştırın. Fırına dönün ve 30 dakika daha pişirin.

3. Güveç fırındayken kerevizi çok ince dilimlemek için bir mandolin kullanın. Kereviz kökü dilimlerini ½ inç genişliğinde şeritler halinde kesin. (Yaklaşık 4 bardak almalısınız.) Kereviz şeritlerini güveçte karıştırın. Yaklaşık 10 dakika veya yumuşayana kadar pişirin. Güveci servis etmeden önce defne yaprağını çıkarın ve atın. Her parçayı kıyılmış maydanoz serpin.

NAR-HURMA TURŞUSU ILE FRANSIZ KUZU PIRZOLASI

HAZIRLIK: 10 dakika pişirme: 18 dakika soğutma: 10 dakika Yapım: 4 porsiyon

"FRANSIZ" TERIMI, KABURGA KEMIĞINI IFADE EDER. KESKIN BIR BIÇAKLA YAĞ, ET VE BAĞ DOKUSU ÇIKARILMIŞTIR. ÇEKICI BIR SUNUM OLUŞTURUR. KASABINIZDAN YAPMASINI ISTEYIN VEYA KENDINIZ YAPABILIRSINIZ.

HINT TURŞUSU
- ½ su bardağı şekersiz nar suyu
- 1 yemek kaşığı taze limon suyu
- 1 arpacık soğan, soyulmuş ve ince dilimlenmiş
- 1 tatlı kaşığı ince rendelenmiş portakal kabuğu
- ⅓ su bardağı kıyılmış Medjool hurması
- ¼ çay kaşığı öğütülmüş kırmızı biber
- ¼ su bardağı nar taneleri*
- 1 kaşık zeytinyağı
- 1 yemek kaşığı kıyılmış taze İtalyan (yassı) maydanoz

KUZU PIRZOLA
- 2 kaşık zeytinyağı
- 8 Fransız kuzu pirzolası

1. Chutney için nar suyu, limon suyu ve arpacık soğanı küçük bir tavada birleştirin. kaynatın; ısıyı azaltın. 2 dakika ağzı kapalı olarak kaynatın. Portakal kabuğu, hurma ve ezilmiş kırmızı biberi ekleyin. Yaklaşık 10 dakika soğumaya bırakın. Nar, 1 yemek kaşığı zeytinyağı ve maydanozu ilave edip karıştırın. Servis zamanına kadar oda sıcaklığında bekletin.

2. Pirzolalar için 2 yemek kaşığı zeytinyağını büyük bir tavada orta ateşte ısıtın. Partiler halinde çalışarak pirzolaları tavaya ekleyin ve orta-az pişmiş (145°F) fırında 6 ila 8 dakika bir kez çevirerek pişirin. Hint turşusu ile en iyi pirzola.

*Not: Taze narlar ve tohumları veya tohumları Ekim'den Şubat'a kadar mevcuttur. Bunları bulamazsanız, Hint turşusuna çıtır çıtır eklemek için şekersiz kurutulmuş tohumlar kullanın.

CHIMICHURRI KAVRULMUŞ HINDIBA İLE KUZU PIRZOLA

HAZIRLIK:30 dakika marine etme: 20 dakika pişirme: 20 dakika Yapılır: 4 porsiyon

ARJANTIN'DE CHIMICHURRI EN POPÜLER BAHARATTIR.ÜLKENIN ÜNLÜ GAUCHO TARZI IZGARA BIFTEĞINE EŞLIK EDIYOR. PEK ÇOK VARYASYON VARDIR, ANCAK KALIN BIR BITKI SOSU GENELLIKLE MAYDANOZ, KIŞNIŞ VEYA KEKIK, ARPACIK VE/VEYA SARIMSAK, EZILMIŞ KIRMIZI BIBER, ZEYTINYAĞI VE KIRMIZI ŞARAP SIRKESINDEN OLUŞUR. IZGARA BIFTEKTE HARIKADIR, ANCAK KAVRULMUŞ VEYA KAVRULMUŞ KUZU PIRZOLASI, TAVUK VE DOMUZ ETI ÜZERINDE DE AYNI DERECEDE HARIKADIR.

1 inç kalınlığında dilimlenmiş 8 kuzu fileto pirzola
½ bardak Chimichurri sosu (bkz.yemek tarifi)
2 kaşık zeytinyağı
1 tatlı soğan, ikiye bölünmüş ve doğranmış
1 çay kaşığı kimyon tohumu, ezilmiş*
1 diş sarımsak, kıyılmış
1 baş hindiba, çekirdekleri çıkarılmış ve ince şeritler halinde kesilmiş
1 kaşık balzamik sirke

1. Kuzu pirzolaları ekstra geniş bir kaseye koyun. 2 yemek kaşığı Chimichurri sos ile gezdirin. Parmaklarınızı kullanarak sosu her bir pirzola yüzeyinin tamamına yayın. Pirzolaları oda sıcaklığında 20 dakika marine edin.

2. Bu sırada kavrulmuş hindiba için ekstra geniş bir tavada 1 yemek kaşığı zeytinyağını kızdırın. Soğan, kimyon ve sarımsak ekleyin; 6 ila 7 dakika veya soğan yumuşayana kadar sık sık karıştırarak pişirin. Turp ekleyin; 1 ila 2

dakika veya hindiba hafifçe solana kadar pişirin. Roux'u büyük bir kaseye aktarın. Balzamik sirkeyi ekleyin ve birleştirmek için iyice karıştırın. Örtün ve sıcak tutun.

3. Tavayı silin. Kalan 1 çorba kaşığı zeytinyağını tavaya ekleyin ve orta-yüksek ateşte ısıtın. Kuzu pirzolası ekleyin; ısıyı orta seviyeye düşürün. 9 ila 11 dakika veya istenen pişene kadar pişirin, ara sıra maşayla pirzola çevirin.

4. Pirzolaları tuzlu salata ve kalan Chimichurri sosuyla servis edin.

*Not: Kimyon tohumlarını ezmek için bir havan ve tokmak kullanın veya tohumları bir kesme tahtasına koyun ve bir şef bıçağıyla ezin.

HAMSI-ADAÇAYI VE HAVUÇ-TATLI PATATES REMOULADE ILE KUZU PIRZOLA

HAZIRLIK:12 dakika soğuk: 1 ila 2 saat ızgara: 6 dakika miktar: 4 porsiyon

ÜÇ ÇEŞIT KUZU PIRZOLASI VARDIR. KALIN VE ETLI FILETO PIRZOLA, KÜÇÜK T-BONE BIFTEĞI GIBI GÖRÜNÜR. KABURGA PIRZOLASI, KUZUNUN KEMIKLERI ARASINDAN KESILEREK YAPILIR. ÇOK YUMUŞAKTIRLAR VE YANLARINDA UZUN ÇEKICI BIR KEMIĞE SAHIPTIRLER. GENELLIKLE TAVADA KIZARTILMIŞ VEYA IZGARA OLARAK SERVIS EDILIRLER. UYGUN FIYATLI OMUZ PIRZOLASI, DIĞER IKI TÜRDEN BIRAZ DAHA YAĞLI VE DAHA AZ HASSASTIR. EN IYI ŞEKILDE KAVRULUR VE ARDINDAN ŞARAP, ET SUYU VE DOMATES VEYA BUNLARIN BAZI KOMBINASYONLARINDA HAŞLANIR.

- 3 orta boy havuç, iri rendelenmiş
- 2 küçük tatlı patates, dilimlenmiş* veya iri rendelenmiş
- ½ fincan Paleo Mayo (bkz.yemek tarifi)
- 2 kaşık taze limon suyu
- 2 çay kaşığı Dijon usulü hardal (bkz.yemek tarifi)
- 2 yemek kaşığı kıyılmış taze maydonoz
- ½ çay kaşığı karabiber
- ½ ila ¾ inç kalınlığında dilimlenmiş 8 kuzu pirzola
- 2 yemek kaşığı kıyılmış taze adaçayı veya 2 çay kaşığı kuru adaçayı, ezilmiş
- 2 çay kaşığı öğütülmüş ancho acı biber
- ½ çay kaşığı sarımsak tozu

1. Remoulade için havuçları ve tatlı patatesleri orta boy bir kapta karıştırın. Küçük bir kapta Paleo Mayo, limon suyu, Dijon hardalı, maydanoz ve karabiberi karıştırın. Havuç ve

tatlı patatesleri dökün; bir ceket atmak için. Örtün ve 1 ila 2 saat soğutun.

2. Bu arada küçük bir kasede adaçayı, ancho chile ve sarımsak tozunu birleştirin. Kuzu pirzolaları baharat karışımıyla ovun.

3. Kömürlü veya gazlı ızgarada, kuzu pirzolaları doğrudan orta ateşte ızgara rafına yerleştirin. Orta-az pişmiş (145°F) için üzerini kapatın ve 6 ila 8 dakika veya orta (150°F) için 10 ila 12 dakika, ızgaranın ortasında bir kez çevirerek ızgara yapın.

4. Kuzu pirzolayı remoulade ile servis edin.

*Not: Tatlı patatesleri kesmek için jülyen ekli bir mandolin kullanın.

ARPACIK SOĞAN, NANE VE KEKIK ILE KUZU PIRZOLA

HAZIRLIK: 20 dakika Marine etme: 1 - 24 saat Pişirme: 40 dakika Izgara: 12 dakika
Miktar: 4 porsiyon

ÇOĞU MARINE EDILMIŞ ETTE OLDUĞU GIBI, KUZU PIRZOLALARI PIŞIRMEDEN ÖNCE BITKILERLE NE KADAR UZUN SÜRE OVUŞTURURSANIZ O KADAR LEZZETLI OLURLAR. BU KURALIN BIR ISTISNASI VARDIR VE BU, NARENCIYE SUYU, SIRKE VE ŞARAP GIBI OLDUKÇA ASITLI BILEŞENLER IÇEREN BIR TURŞU KULLANDIĞINIZ ZAMANDIR. ETI EKŞI TURŞUDA ÇOK UZUN SÜRE BIRAKIRSANIZ DAĞILMAYA VE LAPA HALINE GELMEYE BAŞLAR.

KUZU

2 yemek kaşığı ince kıyılmış maydanoz

2 yemek kaşığı ince kıyılmış taze nane

2 yemek kaşığı ince kıyılmış taze kekik

5 çay kaşığı Akdeniz baharatı (bkz.yemek tarifi)

4 kaşık zeytinyağı

2 diş sarımsak, kıyılmış

Yaklaşık 1 inç kalınlığında dilimlenmiş 8 kuzu pirzola

SALATA

¾ pound genç pancar, kesilmiş

1 kaşık zeytinyağı

¼ fincan taze limon suyu

¼ su bardağı zeytinyağı

1 yemek kaşığı ince kıyılmış maydanoz

1 çay kaşığı Dijon tipi hardal (bkz.yemek tarifi)

6 su bardağı karışık sebze

4 çay kaşığı kıyılmış kişniş

1. Kuzu eti için 2 yemek kaşığı arpacık soğan, nane, kekik, 4 tatlı kaşığı Akdeniz baharatı ve 4 tatlı kaşığı zeytinyağını küçük bir kapta karıştırın. Kuzu pirzolalarını her tarafına ovuşturarak serpin; parmaklarınızla ovalayın. Pirzolaları tabağa koyun; plastik sargıyla örtün ve marine etmek için en az 1 saat veya 24 saate kadar buzdolabında saklayın.

2. Salata için fırını 400°F'ye ısıtın. Pancarları iyice ovun; dilimlere böl. 2 litrelik bir fırın tepsisine yerleştirin. 1 çorba kaşığı zeytinyağı ile gezdirin. Kaseyi folyo ile örtün. Yaklaşık 40 dakika veya pancarlar yumuşayana kadar pişirin. Tamamen soğutun. (Pancarlar en fazla 2 gün önceden pişirilebilir.)

3. Vidalı bir kapta limon suyu, ¼ fincan zeytinyağı, 1 yemek kaşığı arpacık soğanı, Dijon hardalı ve kalan 1 çay kaşığı Akdeniz baharatını karıştırın. Örtün ve iyice çalkalayın. Pancar ve yeşillikleri bir salata kasesinde birleştirin; biraz salata sosu ile karıştırın.

4. Kömür veya gazlı ızgara için, pirzolaları doğrudan orta ateşte yağlanmış bir ızgara ızgarasına yerleştirin. Örtün ve ızgaranın ortasında bir kez çevirerek istenen sıcaklığa kadar ızgara yapın. Orta pişmiş (145°F) için 12 ila 14 dakika veya orta (160°F) için 15 ila 17 dakika bekleyin.

5. Servis etmek için dört servis tabağının her birine 2 adet kuzu pirzola ve biraz salata koyun. Frenk soğanı serpin. Kalan salata sosundan geçirin.

BAHÇEDE KIRMIZI BIBERLI SOS ILE DOLDURULMUŞ KUZU BURGERLER

HAZIRLIK:20 dakika ayakta: 15 dakika ızgara: 27 dakika miktar: 4 porsiyon

COULIS, BASIT BIR PÜRÜZSÜZ SOSTAN BAŞKA BIR ŞEY DEĞILDIR.MEYVE VEYA SEBZE PÜRESINDEN YAPILIR. BU KUZU BURGERLER IÇIN PARLAK VE GÜZEL KIRMIZI BIBER SOSU, IZGARADAN VE TÜTSÜLENMIŞ KIRMIZI BIBERDEN IKI DOZ DUMAN ALIR.

KIRMIZI BIBER SOSU
- 1 büyük kırmızı tatlı biber
- 1 yemek kaşığı sek beyaz şarap veya beyaz şarap sirkesi
- 1 çay kaşığı zeytinyağı
- ½ çay kaşığı füme kırmızı biber

BURGERLER
- ¼ su bardağı doğranmış kükürtsüz güneşte kurutulmuş domates
- ¼ su bardağı rendelenmiş kabak
- 1 yemek kaşığı kıyılmış taze fesleğen
- 2 kaşık zeytinyağı
- ½ çay kaşığı karabiber
- 1½ pound kıyma kuzu
- 1 yumurta akı, hafifçe çırpılmış
- 1 yemek kaşığı Akdeniz baharatı (bkz.<u>yemek tarifi</u>)

1. Kırmızı biber sosu için kırmızı biberi doğrudan orta ateşte ızgara ızgaranın üzerine koyun. Örtün ve 15 ila 20 dakika veya kömürleşene ve çok yumuşayana kadar ızgara yapın, biberi her 5 dakikada bir çevirerek her iki tarafı da kömürleştirin. Izgaradan çıkarın ve biberleri tamamen kaplayacak şekilde hemen bir kağıt torbaya veya folyoya

koyun. 15 dakika veya işlenecek kadar soğuyana kadar bekletin. Keskin bir bıçak kullanarak, derileri yavaşça çekin ve atın. Biberi uzunlamasına dörde bölün ve sapları, tohumları ve zarları çıkarın. Közlenmiş biber, şarap, zeytinyağı ve tütsülenmiş kırmızı biberi mutfak robotunda karıştırın. Örtün ve pürüzsüz olana kadar işleyin veya karıştırın.

2. Bu arada, güneşte kurutulmuş domatesleri doldurmak için bir kaseye koyun ve üzerini kaynar su ile kapatın. 5 dakika bekletin; serbest bırakmak. Domatesleri ve rendelenmiş kabakları kağıt havlu ile kurulayın. Küçük bir kapta domates, kabak, fesleğen, zeytinyağı ve ¼ çay kaşığı karabiberi birleştirin; Bırakmak.

3. Büyük bir kapta kuzu kıyması, yumurta akı, kalan ¼ çay kaşığı karabiber ve Akdeniz baharatını birleştirin; iyice karıştırın. Et karışımını sekiz eşit parçaya bölün ve her birini ¼ inç kalınlığında bir köfte haline getirin. Dört köftenin üzerine doldurma kaşığı; kalan köfteleri üzerine kapatın ve dolguyu kapatmak için kenarlarını bastırın.

4. Köfteleri doğrudan orta ateşte ızgara ızgarasına yerleştirin. Örtün ve 12 ila 14 dakika veya bitene kadar (160°F) ızgara yapın, ızgaranın ortasında bir kez çevirin.

5. Hizmet etmek için kırmızı biberli hamburgerleri yerleştirin.

TZATZIKI SOSLU DUBLE KEKIKLI KUZU KEBAP

EMMEK:30 dakika hazırlama: 20 dakika soğutma: 30 dakika ızgara: 8 dakika miktar: 4 porsiyon

BU KUZU KEBAPLARI TEMEL OLARAKAKDENIZ VE ORTA DOĞU'DA KOFTA OLARAK BILINEN - TERBIYELI KIYMA (GENELLIKLE KUZU VEYA DANA ETI) TOPLAR VEYA BIR ŞIŞ ETRAFINDA ŞEKILLENDIRILIR VE ARDINDAN IZGARA YAPILIR. TAZE VE KURUTULMUŞ KEKIK ONLARA HARIKA BIR YUNAN TADI VERIR.

8 adet 10 inçlik tahta şiş

KUZU KEBAP

1½ pound yağsız kıyma kuzu

1 küçük soğan, rendelenmiş ve kuru sıkılmış

1 yemek kaşığı kıyılmış taze kekik

2 çay kaşığı kurutulmuş kekik, ezilmiş

1 çay kaşığı karabiber

CACIK SOSU

1 su bardağı Paleo Mayo (bkz.yemek tarifi)

½ büyük salatalık, çekirdekli, rendelenmiş ve kuru sıkılmış

2 kaşık taze limon suyu

1 diş sarımsak, kıyılmış

1. Şişleri 30 dakika üzerlerini örtecek kadar suda bekletin.

2. Kuzu kebap için kuzu kıyma, soğan, taze ve kuru kekik ve biberi geniş bir kapta karıştırın; iyice karıştırın. Kuzu karışımını sekiz eşit parçaya bölün. 5 x 1 inçlik bir kütük yapmak için her bölümü şişin yarısı kadar şekillendirin. Örtün ve en az 30 dakika soğumaya bırakın.

3. Bu arada Tzatziki sosu için Paleo Mayo, salatalık, limon suyu ve sarımsağı küçük bir kasede birleştirin. Örtün ve servis yapana kadar soğutun.

4. Kömür veya gazlı ızgara için, kuzuyu doğrudan orta ateşte ızgara rafına yerleştirin. Örtün ve orta ateşte (160°F) yaklaşık 8 dakika ızgara yapın, yarı yolda bir kez çevirin.

5. Kuzu kebapları Tzatziki sos ile servis edin.

SAFRAN VE LIMON ILE FIRINDA TAVUK

HAZIRLIK:15 dakika soğutma: 8 saat pişirme: 1 saat 15 dakika bekleme: 10 dakika miktar: 4 porsiyon

SAFRAN KURUTULMUŞ ÇUBUKLARDIRBIR ÇEŞIT ÇİĞDEM ÇİÇEĞİ. PAHALI AMA BIRAZ UZAK. BU ÇITIR ÇITIR ROSTO TAVUĞA DÜNYEVI, CESUR LEZZETINI VE MUHTEŞEM SARI TONUNU VERIR.

1 4- ila 5 kiloluk bütün tavuk

3 kaşık zeytinyağı

6 diş sarımsak, ezilmiş ve soyulmuş

1½ yemek kaşığı ince rendelenmiş limon kabuğu

1 kaşık taze kekik

1½ çay kaşığı öğütülmüş karabiber

½ çay kaşığı safran ipi

2 defne yaprağı

1 limon, dörde bölünmüş

1. Tavuğun boynunu ve sakatatlarını çıkarın; atın veya başka bir kullanım için saklayın. Tavuğun boşluğunu durulayın; kağıt havlularla kurulayın. Fazla deriyi veya yağı tavuktan kesin.

2. Zeytinyağı, sarımsak, limon kabuğu rendesi, kekik, biber ve safranı mutfak robotunda karıştırın. Pürüzsüz bir macun oluşturmak için işlem yapın.

3. Macunu tavuğun dışına ve boşluğun içine yaymak için parmaklarınızı kullanın. Tavuğu büyük bir kaseye aktarın; örtün ve en az 8 saat veya gece boyunca soğutun.

4. Fırını 425°F'ye ısıtın. Limon çeyreklerini ve defne yapraklarını tavuk boşluğuna yerleştirin. Bacakları %100 pamuk mutfak ipi ile bağlayın. Kanatları tavuğun altına sokun. Et termometresini kemiğe dokunmadan uyluk kasının iç kısmına yerleştirin. Tavuğu büyük bir kızartma tavasında bir rafa yerleştirin.

5. 15 dakika kızartın. Fırın sıcaklığını 375°F'ye düşürün Yaklaşık 1 saat daha veya meyve suları berraklaşana ve termometre 175°F'yi kaydedene kadar kızartın. Folyo ile çadır tavuğu. Oymadan önce 10 dakika bekletin.

JICAMA LAHANA SALATASI ILE BAHARATLI TAVUK

HAZIRLIK: 40 dakika ızgara: 1 saat 5 dakika ayakta: 10 dakika miktar: 4 porsiyon

"SPATCHCOCK" ESKI BIR YEMEK PIŞIRME TERIMIDIR. TAVUK VEYA TAVUK GIBI KÜÇÜK BIR KUŞU SIRTINDAN AŞAĞI BÖLME VE ARDINDAN DAHA HIZLI VE EŞIT ŞEKILDE PIŞIRMEK IÇIN BIR KITAP GIBI AÇIP DÜZLEŞTIRME SÜRECINI TANIMLAMAK IÇIN SON ZAMANLARDA TEKRAR KULLANILMAYA BAŞLANDI. KELEBEĞE BENZER, ANCAK YALNIZCA KÜMES HAYVANLARI IÇIN GEÇERLIDIR.

TAVUK

- 1 poblano şili
- 1 yemek kaşığı ince kıyılmış maydanoz
- 3 diş sarımsak, kıyılmış
- 1 çay kaşığı ince rendelenmiş limon kabuğu
- 1 çay kaşığı ince rendelenmiş limon kabuğu rendesi
- 1 çay kaşığı tütsülenmiş biber (bkz. yemek tarifi)
- ½ çay kaşığı kurutulmuş kekik, ezilmiş
- ½ çay kaşığı öğütülmüş kimyon
- 1 kaşık zeytinyağı
- 1 3 ila 3 ½ pound bütün tavuk

LAHANA SALATASI

- ½ orta jicama, soyulmuş ve jülyen şeritler halinde kesilmiş (yaklaşık 3 bardak)
- ½ fincan ince dilimlenmiş soğan (4)
- 1 Granny Smith elma, soyulmuş, özlü ve jülyen doğranmış
- ⅓ su bardağı kıyılmış taze kişniş
- 3 yemek kaşığı taze portakal suyu
- 3 kaşık zeytinyağı
- 1 çay kaşığı limon otu baharatı (bkz. yemek tarifi)

1. Kömürlü ızgara için, ızgaranın bir tarafına orta derecede sıcak kömürler koyun. Izgaranın boş tarafının altına bir damlama kabı yerleştirin. Poblanoyu ızgara ızgarasına doğrudan orta boy kömürlerin üzerine yerleştirin. Örtün ve 15 dakika veya poblano her taraftan kömürleşene kadar ara sıra çevirerek ızgara yapın. Poblano'yu hemen folyoya sarın; 10 dakika bekletin. Folyoyu açın ve poblanoyu uzunlamasına ikiye bölün; sapları ve tohumları çıkarın (bkz.uç). Keskin bir bıçak kullanarak, cildi nazikçe soyun ve çıkarın. Poblanoyu ince ince doğrayın. (Gazlı ızgara için, ızgarayı önceden ısıtın; ısıyı ortama düşürün. Dolaylı pişirmeye ayarlayın. Brülör açıkken yukarıdaki gibi ızgara yapın.)

2. Sürmek için poblano, arpacık soğanı, sarımsak, limon kabuğu rendesi, limon kabuğu rendesi, tütsülenmiş kırmızı biber, kekik ve kimyonu küçük bir kapta karıştırın. Yağı karıştırın; bir macun oluşturmak için iyice karıştırın.

3. Tavuk istiyorsanız, tavuğun boynunu ve sakatatlarını çıkarın (başka bir kullanım için ayırın). Tavuk göğsü tarafı alta gelecek şekilde bir kesme tahtası üzerine yerleştirin. Mutfak makası kullanarak, boynun ucundan başlayarak omurganın bir tarafında uzunlamasına bir kesim yapın. Omurganın karşı tarafında uzunlamasına kesimi tekrarlayın. Omurgayı çıkarın ve atın. Tavuk derisi tarafını yukarı çevirin. Göğüs kemiğini kırmak için göğüslerin arasına bastırın, böylece tavuk düz durur.

4. Göğsün bir tarafındaki boyundan başlayarak, parmaklarınızı cilt ile et arasında kaydırın, uyluğa doğru hareket ederken cildi gevşetin. Uyluğun etrafındaki cildi gevşetin. Diğer

tarafta tekrarlayın. Parmaklarınızı tavuğun derisinin altındaki etin üzerine sürün.

5. Tavuk göğsü tarafı alta gelecek şekilde ızgara ızgarasının üzerine damlama tepsisinin üzerine yerleştirin. Folyoya veya büyük bir dökme demir tavaya sarılmış iki tuğla ile ağırlık. Örtün ve 30 dakika ızgara yapın. Tavuk kemiğini rafa çevirin ve tuğla veya tava ile tekrar tartın. Yaklaşık 30 dakika daha veya tavuk artık pembe olmayana kadar (uyluğundan 175°F) üstü kapalı olarak ızgara yapın. Tavuğu ızgaradan çıkarın; 10 dakika bekletin. (Gazlı ızgara için, tavuğu ısıdan uzakta ızgara rafına koyun. Yukarıdaki gibi ızgara yapın.)

6. Bu arada rosto için jicama, yeşil soğan, elma ve kişnişi büyük bir kapta birleştirin. Küçük bir kapta portakal suyu, yağ ve limon otu çeşnisini çırpın. Jicama karışımının üzerine dökün ve kaplamak için fırlatın. Tavuğu sosla birlikte servis edin.

VOTKA, HAVUÇ VE DOMATES SOSLU KAVRULMUŞ TAVUK BUDU

HAZIRLIK:15 dakika pişirme: 15 dakika pişirme: 30 dakika miktar: 4 porsiyon

VOTKA BIRKAÇ TANEDEN YAPILABILIRPATATES, MISIR, ÇAVDAR, BUĞDAY VE ARPA, HATTA ÜZÜM GIBI ÇEŞITLI YIYECEKLER. BU SOSTA DÖRT PORSIYONA BÖLDÜĞÜNÜZDE ÇOK FAZLA VOTKA OLMASA DA, PALEO DOSTU YAPMAK IÇIN PATATES VEYA ÜZÜMLE YAPILAN VOTKA ARAYIN.

3 kaşık zeytinyağı

4 tavuk budu veya etli tavuk parçaları, derisi alınmış

1 28 ons tuz eklenmemiş erik domatesleri, süzülmüş

½ su bardağı ince kıyılmış soğan

½ su bardağı ince doğranmış havuç

3 diş sarımsak, kıyılmış

1 çay kaşığı Akdeniz baharatı (bkz.yemek tarifi)

⅛ çay kaşığı acı biber

1 dal taze biberiye

2 kaşık votka

1 yemek kaşığı kıyılmış taze fesleğen (isteğe bağlı)

1. Fırını 375°F'ye ısıtın. Ekstra büyük bir tavada, 2 yemek kaşığı yağı orta-yüksek ateşte ısıtın. tavuk ekleyin; yaklaşık 12 dakika veya kızarana kadar, eşit şekilde kızarana kadar pişirin. Tavayı önceden ısıtılmış fırına yerleştirin. 20 dakika üstü açık olarak kızartın.

2. Bu sırada sosu için domatesleri mutfak makası ile kesin. Orta boy bir tencerede, kalan 1 yemek kaşığı yağı orta ateşte ısıtın. Soğan, havuç ve sarımsağı ekleyin; sık sık karıştırarak 3 dakika veya yumuşayana kadar pişirin.

Doğranmış domatesleri, Akdeniz baharatını, acı biberi ve bir tutam biberiyeyi ilave edip karıştırın. Orta-yüksek ateşte kaynatın; ısıyı azaltın. Ara sıra karıştırarak 10 dakika kapağı açık olarak pişirin. votka ile karıştırın; 1 dakika daha pişirin; biberiye dalını çıkarın ve atın.

3. Sosu tavadaki tavuğun üzerine dökün. Tavayı fırına geri koyun. Yaklaşık 10 dakika daha veya tavuk yumuşayıncaya ve artık pembeliği (175°F) geçene kadar üzeri kapalı olarak pişirin. İsterseniz fesleğen serpin.

POULET RÔTI VE RUTABAGA FRITES

HAZIRLIK: 40 dakika pişirme: 40 dakika pişirme: 4 porsiyon

ÇITIR RUTABAGA KIZARTMASI LEZZETLIDIRKAVRULMUŞ TAVUK VE YEMEKLIK MEYVE SULARI ILE SERVIS EDILIR – ANCAK KENDI BAŞINA EŞIT DERECEDE LEZZETLIDIR VE PALEO KETÇAP ILE SERVIS EDILIR (BKZ.YEMEK TARIFI) VEYA PALEO AÏOLI (SARIMSAKLI MAYONEZ, BKZ.YEMEK TARIFI).

6 kaşık zeytinyağı
1 yemek kaşığı Akdeniz baharatı (bkz.yemek tarifi)
4 kemiksiz tavuk budu, derisi alınmış (toplam yaklaşık 1 ¼ pound)
4 tavuk budu, derisi alınmış (toplam yaklaşık 1 pound)
1 bardak sek beyaz şarap
1 su bardağı tavuk kemiği suyu (bkz.yemek tarifi) veya ilave tuz içermeyen tavuk suyu
1 küçük soğan, dörde bölünmüş
Zeytin yağı
1½ ila 2 pound rutabaga
2 yemek kaşığı kıyılmış taze kişniş
Karabiber

1. Fırını 400°F'ye ısıtın. Küçük bir kapta 1 yemek kaşığı zeytinyağı ile Akdeniz baharatını birleştirin; tavuk parçalarının üzerine yayın. Ekstra geniş bir tavada 2 yemek kaşığı yağı ısıtın. Tavuk parçalarını et kısmı aşağı gelecek şekilde ekleyin. Açıkta yaklaşık 5 dakika veya kızarana kadar pişirin. Tavayı ocaktan alın. Kızarmış tarafları yukarı gelecek şekilde tavuk parçalarını çevirin. Şarabı, tavuk kemiği suyunu ve soğanı ekleyin.

2. Tavayı fırının orta rafına yerleştirin. 10 dakika üstü açık olarak pişirin.

3. Bu arada, büyük bir fırın tepsisini kızartmalar için hafifçe zeytinyağı ile kaplayın; Bırakmak. Rutabagaları soyun. Keskin bir bıçak kullanarak, rutabagaları ½ inçlik dilimler halinde kesin. Dilimleri uzunlamasına ½ inçlik şeritler halinde kesin. Büyük bir kapta, şalgam şeritlerini kalan 3 yemek kaşığı yağla karıştırın. Hazırlanan fırın tepsisine rutabaga şeritlerini tek bir tabaka halinde yayın; fırının üst rafına yerleştirin. 15 dakika pişirin; patates kızartmasını çevirin. Tavuğu 10 dakika daha veya pembeliği kaybolana kadar (175°F) pişirin. Tavuğu fırından çıkarın. Patatesleri 5 ila 10 dakika veya kızarana ve yumuşayana kadar pişirin.

4. Tavuğu ve soğanı, suyunu bırakarak tavadan çıkarın. Tavuğu ve soğanı sıcak tutmak için örtün. Meyve sularını orta ateşte kaynatın; ısıyı azaltın. Kapağı açık olarak yaklaşık 5 dakika daha veya suyu hafifçe azalana kadar pişirin.

5. Servis etmek için patates kızartmasını frenk soğanı serpin ve karabiber serpin. Tavuğu pişirme suyu ve patates kızartmasıyla birlikte servis edin.

COQ AU VIN, ÜÇ MANTAR VE RUTABAGAS CHIVE PÜRE ILE

HAZIRLIK:15 dakika pişirme: 1 saat 15 dakika Yapar: 4 ila 6 porsiyon

KASEDE IRMIK VARSAKURUTULMUŞ MANTARLARI ISLATTIKTAN SONRA - KI MUHTEMELEN ÖYLE OLACAK - SIVIYI INCE GÖZENEKLI BIR SÜZGEÇ IÇINE YERLEŞTIRILMIŞ IKI KAT GAZLI BEZDEN SÜZÜN.

1 ons kurutulmuş porcini veya kuzugöbeği mantarı

1 su bardağı kaynar su

2 ila 2½ pound derisiz tavuk baldırları ve butları

Karabiber

2 kaşık zeytinyağı

2 orta boy pırasa, uzunlamasına ikiye bölünmüş, durulanmış ve ince dilimlenmiş

2 portobello mantarı, dilimlenmiş

8 ons taze istiridye mantarı, sapları çıkarılmış ve dilimlenmiş veya doğranmış taze mantarlar

¼ su bardağı tuz eklenmemiş domates püresi

1 çay kaşığı kurutulmuş mercanköşk, ezilmiş

½ çay kaşığı kurutulmuş kekik, ezilmiş

½ bardak sek kırmızı şarap

6 su bardağı tavuk kemiği suyu (bkz.yemek tarifi) veya ilave tuz içermeyen tavuk suyu

2 defne yaprağı

2 ila 2½ pound rutabagas, soyulmuş ve doğranmış

2 yemek kaşığı kıyılmış taze kişniş

½ çay kaşığı karabiber

Kıyılmış taze kekik (isteğe bağlı)

1. Mantarları ve kaynar suyu küçük bir kapta birleştirin; 15 dakika bekletin. Mantarları çıkarın ve ıslatma sıvısını

ayırın. Mantarları kesin. Mantarları ve ıslatma sıvısını bir kenara koyun.

2. Tavuğu baharatlarla serpin. Sıkıca kapanan kapaklı ekstra büyük bir tavada 1 çorba kaşığı zeytinyağını orta-yüksek ateşte ısıtın. Tavuk parçalarını iki parti halinde kızgın yağda yaklaşık 15 dakika kızarana kadar pişirin ve bir kez çevirin. Tavuğu tavadan çıkarın. Pırasa, portobello mantarları ve mantarları karıştırın. 4 ila 5 dakika veya mantarlar ara sıra karıştırarak kahverengileşmeye başlayana kadar pişirin. Domates püresi, mercanköşk ve kekiği ilave edin; 1 dakika karıştırarak pişirin. Şarabı karıştırın; 1 dakika karıştırarak pişirin. 3 su bardağı tavuk kemiği suyu, defne yaprağı, ½ su bardağı ayrılmış mantar ıslatma sıvısı ve rehidrate doğranmış mantarları karıştırın. Tavuğu tavaya geri koyun. kaynatın; ısıyı azaltın. Kapağı kapalı olarak yaklaşık 45 dakika veya tavuk yumuşayana kadar pişirin, tavuğu pişirmenin yarısında bir kez çevirin.

3. Bu arada, büyük bir tencerede şalgamları ve kalan 3 su bardağı suyu birleştirin. Gerekirse, rutabagaları örtmek için su ekleyin. kaynatın; ısıyı azaltın. Ara sıra karıştırarak veya rutabagas yumuşayana kadar 25 ila 30 dakika pişirin. Sıvıyı saklayarak rutabagaları boşaltın. Rutabagaları tencereye geri koyun. Kalan 1 çorba kaşığı zeytinyağı, frenk soğanı ve ½ çay kaşığı biber ekleyin. Bir patates ezici kullanarak, rutabaga karışımını ezin ve istenen kıvamı elde etmek için gerektiği kadar pişirme sıvısı ekleyin.

4. Tavuktan defne yapraklarını çıkarın; atmak için. Püre haline getirilmiş rutabagaların üzerine tavuk ve sos servis edin. İsterseniz taze kekik serpin.

ŞEFTALI-BRENDI-SIRLI ÇUBUKLAR

HAZIRLIK: 30 dakika ızgara: 40 dakika miktar: 4 porsiyon

BU TAVUK BUTLARI MÜKEMMEL BAHARATLARLA OVUŞTURULMUŞ TUNUS DOMUZ OMZU TARIFINDEN ÇITIR ROSTO VE BAHARATLI TATLI PATATES KIZARTMASI ILE (BKZ. YEMEK TARIFI). BURADA TURP, MANGO VE NANE ILE ÇITIR LAHANA ILE GÖSTERILMIŞTIR (BKZ. YEMEK TARIFI).

ŞEFTALI BRENDI SIR

1 kaşık zeytinyağı

½ bardak doğranmış soğan

2 taze orta boy şeftali, ikiye bölünmüş, çekirdeksiz ve dilimlenmiş

2 kaşık brendi

1 su bardağı barbekü sosu (bkz. yemek tarifi)

8 tavuk budu (toplam 2 ila 2½ pound), gerektiği gibi derisi alınmış

1. Sır için zeytinyağını orta boy bir tencerede orta ateşte ısıtın. soğan ekleyin; ara sıra karıştırarak yaklaşık 5 dakika veya yumuşayana kadar pişirin. Şeftalileri ekleyin. Örtün ve ara sıra karıştırarak 4 ila 6 dakika veya şeftaliler yumuşayana kadar pişirin. brendi ekleyin; ara sıra karıştırarak 2 dakika kapağı açık olarak pişirin. Hafifçe soğutun. Şeftali karışımını bir karıştırıcıya veya mutfak robotuna aktarın. Pürüzsüz olana kadar örtün ve karıştırın veya işleyin. Barbekü sosu ekleyin. Pürüzsüz olana kadar örtün ve karıştırın veya işleyin. Sosu tencereye geri koyun. Tamamen ısınana kadar kısık ateşte pişirin. Tavuğun üzerine sürmek için ¾ bardak sosu küçük bir kaseye aktarın. Kalan sosu ızgara tavukla birlikte servis etmek için sıcak tutun.

2. Kömürlü ızgara için, damlama tepsisinin etrafına orta-sıcak kömürleri yerleştirin. Damlama kabının üzerindeki orta sıcaklığı test edin. Tavuk butlarını damlama tepsisindeki ızgara rafına yerleştirin. Örtün ve 40 ila 50 dakika veya tavuk artık pembe olmayana (175°F) kadar ızgara yapın, ızgaranın ortasında çevirin ve son 5 ila 10 dakika ızgara yapmak için ¾ fincan Peach-Brandy Glaze ile fırçalayın. (Gazlı ızgara için ızgarayı önceden ısıtın. Isıyı orta seviyeye düşürün. Dolaylı ısıyı ayarlayın. Tavuk butlarını çok sıcak olmayan ızgara rafına ekleyin. Belirtildiği gibi örtün ve ızgara yapın.)

MANGO-KAVUN SALATASI ILE ŞILI'DE MARINE EDILMIŞ TAVUK

HAZIRLIK: 40 dakika soğutma/marinasyon: 2 ila 4 saat ızgara: 50 dakika Miktar: 6 ila 8 porsiyon

ANCHO ŞILI KURUTULMUŞ POBLANO- YOĞUN TAZE BIR TADA SAHIP PARLAK, KOYU YEŞIL BIR BIBER. ANCHO CHILIES, BIR MIKTAR ERIK VEYA KURU ÜZÜM VE SADECE BIR MIKTAR ACI ILE HAFIF MEYVEMSI BIR TADA SAHIPTIR. NEW MEXICO'DAKI CHILES BIRAZ SICAK OLABILIR. BUNLAR, GÜNEYBATI'NIN BAZI BÖLGELERINDE KÜMELENMIŞ VE RISTRALARDA (KURUTULMUŞ ŞILILERIN RENKLI ARANJMANLARI) ASILI GÖRDÜĞÜNÜZ KOYU KIRMIZI ŞILILERDIR.

TAVUK

- 2 adet kurutulmuş New Mexico biberi
- 2 adet kurutulmuş ancho chiles
- 1 su bardağı kaynar su
- 3 kaşık zeytinyağı
- 1 büyük tatlı soğan, soyulmuş ve ince dilimlenmiş
- 4 adet çekirdeksiz Roma domatesi
- 1 yemek kaşığı kıyılmış sarımsak (6 diş)
- 2 çay kaşığı öğütülmüş kimyon
- 1 çay kaşığı kurutulmuş kekik, ezilmiş
- 16 adet tavuk budu

SALATA

- 2 su bardağı doğranmış karpuz
- 2 bardak doğranmış bal özü
- 2 bardak doğranmış mango
- ¼ fincan taze limon suyu
- 1 çay kaşığı pul biber

½ çay kaşığı öğütülmüş kimyon

¼ bardak kıyılmış taze kişniş

1. Tavuk için, kurutulmuş New Mexico ve ancho chiles'ın saplarını ve tohumlarını çıkarın. Büyük bir tavayı orta ateşte ısıtın. Biberleri 1 ila 2 dakika veya kokulu ve hafifçe kızarana kadar tavada kızartın. Kavrulmuş biberleri küçük bir kaseye koyun; kaseye kaynar su ekleyin. En az 10 dakika veya kullanıma hazır olana kadar bekletin.

2. Izgarayı önceden ısıtın. Bir fırın tepsisini folyo ile kaplayın; 1 yemek kaşığı zeytinyağını folyo ile yayın. Tavaya soğan ve domates dilimlerini yerleştirin. Isıdan yaklaşık 4 inç 6 ila 8 dakika veya yumuşayana ve kömürleşene kadar ızgara yapın. Biberleri süzün, suyu saklayın.

3. Marine için kırmızı biber, soğan, domates, sarımsak, kimyon ve kekiği bir blender veya mutfak robotunda birleştirin. Pürüzsüz olana kadar örtün ve karıştırın veya işleyin, istenen kıvamı elde etmek için gerektiği kadar ayrılmış su ekleyin.

4. Tavuğu sığ bir kaba yerleştirilmiş büyük, ağzı kapatılabilir bir plastik torbaya koyun. Turşuyu torbadaki tavuğun üzerine dökün ve eşit şekilde kaplamak için torbayı çevirin. Torbayı ara sıra çevirerek buzdolabında 2 ila 4 saat marine edin.

5. Salata için karpuz, bal özü, mango, limon suyu, kalan 2 yemek kaşığı zeytinyağı, pul biber, kimyon ve kişnişi ekstra geniş bir kapta karıştırın. Bir ceket atın. Örtün ve 1 ila 4 saat soğutun.

6. Kömürlü ızgara için, damlama tepsisinin etrafına orta-sıcak kömürleri yerleştirin. Tava üzerinde orta ısıyı test edin.

Tavuğu boşaltın, turşuyu saklayın. Tavuğu damlama tepsisinin üzerindeki ızgara rafına yerleştirin. Tavuğu, ayrılmış turşunun bir kısmı ile serbestçe fırçalayın (fazla turşuyu atın). Örtün ve 50 dakika veya tavuk artık pembe olmayana kadar (175°F) ızgara yapın, ızgaranın yarısında çevirin. (Gazlı ızgara için ızgarayı önceden ısıtın. Isıyı orta seviyeye düşürün. Dolaylı ızgaraya ayarlayın. Belirtildiği gibi devam edin ve tavuğu ocağa koyun.) Tavuk butlarını salata ile servis edin.

SALATALIK RAITA ILE TANDOORI TAVUK UYLARI

HAZIRLIK:20 dakika marine etme: 2 ila 24 saat ızgara yapma: 25 dakika miktar: 4 porsiyon

RAITA KAJU FISTIĞINDAN YAPILIR.KREMA, LIMON SUYU, NANE, KIŞNIŞ VE SALATALIK. SICAK VE BAHARATLI TAVUĞA SOĞUK BIR KONTRPUAN SAĞLAR.

TAVUK

1 soğan, ince dilimlenmiş
1 2-inç parça taze zencefil, soyulmuş ve dörde bölünmüş
4 diş sarımsak
3 kaşık zeytinyağı
2 kaşık taze limon suyu
1 çay kaşığı öğütülmüş kimyon
1 çay kaşığı öğütülmüş zerdeçal
½ çay kaşığı öğütülmüş yenibahar
½ çay kaşığı öğütülmüş tarçın
½ çay kaşığı karabiber
¼ çay kaşığı acı biber
8 adet tavuk budu

SALATALIK

1 su bardağı kaju kreması (bkz.yemek tarifi)
1 yemek kaşığı taze limon suyu
1 yemek kaşığı kıyılmış taze nane
1 yemek kaşığı kıyılmış taze kişniş
½ çay kaşığı öğütülmüş kimyon
⅛ çay kaşığı karabiber
1 orta boy salatalık, soyulmuş, çekirdekleri çıkarılmış ve doğranmış (1 su bardağı)
limon dilimleri

1. Bir blender veya mutfak robotunda soğan, zencefil, sarımsak, zeytinyağı, limon suyu, kimyon, zerdeçal, yenibahar, tarçın, karabiber ve kırmızı biberi karıştırın. Pürüzsüz olana kadar örtün ve karıştırın veya işleyin.

2. Her bageti bıçağın ucuyla dört ila beş kez delin. Bagetleri büyük bir kaseye yerleştirilmiş büyük, yeniden kapatılabilir bir plastik torbaya koyun. Soğan karışımı ekleyin; cekete dön. Torbayı ara sıra çevirerek buzdolabında 2 ila 24 saat marine edin.

3. Izgarayı önceden ısıtın. Tavuğu marinattan çıkarın. Çubuklardaki fazla turşuyu silmek için kağıt havlu kullanın. Bagetleri ısıtılmamış bir piliç tavasının rafına veya folyo kaplı bir fırın tepsisine yerleştirin. 15 dakika boyunca ısı kaynağından 6 ila 8 inç ızgara yapın. Yemek çubuklarını çevirin; yaklaşık 10 dakika veya tavuk artık pembe olmayana kadar (175°F) ızgara yapın.

4. Raita için kaju kreması, limon suyu, nane, kişniş, kimyon ve karabiberi orta boy bir kapta karıştırın. Yavaşça salatalığı karıştırın.

5. Tavuğu raita ve limon dilimleri ile servis edin.

KÖK SEBZELER, KUŞKONMAZ VE YEŞIL ELMA VE NANE ILE KÖRI TAVUK YAHNISI

HAZIRLIK:30 dakika pişirme: 35 dakika ayakta: 5 dakika Yapılır: 4 porsiyon

2 yemek kaşığı rafine hindistan cevizi yağı veya zeytinyağı
2 pound kemiksiz tavuk göğsü, istenirse derili
1 bardak doğranmış soğan
2 yemek kaşığı rendelenmiş taze zencefil
2 kaşık kıyılmış sarımsak
2 yemek kaşığı tuzsuz köri
2 yemek kaşığı tohumlu jalapeño (bkz.uç)
4 su bardağı tavuk kemiği suyu (bkz.yemek tarifi) veya ilave tuz içermeyen tavuk suyu
2 orta boy tatlı patates (yaklaşık 1 pound), soyulmuş ve doğranmış
2 orta boy pancar (yaklaşık 6 ons), soyulmuş ve doğranmış
1 su bardağı doğranmış doğranmış domates
8 ons kuşkonmaz, kırpılmış ve 1 inç uzunluğunda kesilmiş
1 13,5 onsluk doğal hindistan cevizi sütü kutusu (Nature's Way gibi)
½ su bardağı kıyılmış taze kişniş
Elma-nane inceliği (bkz.yemek tarifi, altında)
Kireç takozlar

1. Yağı 6 litrelik bir Hollanda fırınında orta-yüksek ateşte ısıtın. Tavuğu, yaklaşık 10 dakika eşit şekilde kızarana kadar sıcak yağda gruplar halinde kızartın. Tavuğu tabağa aktarın; Bırakmak.

2. Isıyı ortama çevirin. Tencereye soğan, zencefil, sarımsak, köri ve jalapeno ekleyin. Pişirin ve 5 dakika veya soğan yumuşayana kadar karıştırın. Tavuk kemiği suyunu, tatlı patatesleri, pancarları ve domatesleri ilave edin. Tavuk parçalarını mümkün olduğu kadar fazla sıvıya batırılacak

şekilde tencereye geri koyun. Isıyı orta-düşük seviyeye düşürün. Örtün ve 30 dakika veya tavuk artık pembeleşene ve sebzeler yumuşayana kadar pişirin. Kuşkonmaz, hindistan cevizi sütü ve kişniş ekleyin. Ateşten alın. 5 dakika bekletin. Gerekirse tavuğu kemiklerinden ayırarak servis kaselerine eşit şekilde paylaştırın. Elma-nane aroması ve limon dilimleri ile servis edilir.

Elma-nane sosu: Bir mutfak robotunda ½ fincan şekersiz hindistancevizi pullarını pürüzsüz olana kadar çekin. 1 su bardağı taze kişniş ekleyin ve buharlayın; 1 su bardağı taze nane yaprağı; 1 Granny Smith elması, çekirdekleri çıkarılmış ve dilimlenmiş; 2 çay kaşığı tohumlu öğütülmüş jalapeño (bkz.uç); ve 1 yemek kaşığı taze limon suyu. İnce kıyılmış olana kadar nabız atın.

AHUDUDU, PANCAR VE KAVRULMUŞ BADEM ILE IZGARA PAILLARD TAVUK SALATASI

HAZIRLIK:30 dakika pişirme: 45 dakika marine etme: 15 dakika ızgara yapma: 8 dakika miktar: 4 porsiyon

½ su bardağı bütün badem
1½ çay kaşığı zeytinyağı
1 orta boy pancar
1 orta boy pancar
2 6 ila 8 ons kemiksiz, derisiz yarım tavuk göğsü
2 su bardağı taze veya dondurulmuş ahududu, çözülmüş
3 yemek kaşığı beyaz veya kırmızı şarap sirkesi
2 yemek kaşığı kıyılmış taze tarhun
1 kaşık öğütülmüş arpacık
1 çay kaşığı Dijon tipi hardal (bkz.yemek tarifi)
¼ su bardağı zeytinyağı
Karabiber
8 su bardağı bahar salatası karışımı

1. Bademler için fırını 400°F'ye ısıtın. Bademleri küçük bir tepsiye yayın ve ½ çay kaşığı zeytinyağı serpin. Yaklaşık 5 dakika veya kokulu ve altın rengi olana kadar pişirin. Soğumaya bırakın. (Bademler 2 gün önceden kızartılıp hava almayan bir kapta saklanabilir.)

2. Pancar için, her bir pancarı küçük bir folyo parçasına koyun ve her birinin üzerine ½ çay kaşığı zeytinyağı gezdirin. Pancarları folyoya gevşek bir şekilde sarın ve bir fırın tepsisine veya bir fırın tepsisine yerleştirin. Pancarları 400°F fırında 40 ila 50 dakika veya bıçakla delinene kadar yumuşayana kadar kızartın. Fırından çıkarın ve işlenecek kadar soğuyana kadar bekletin. Bir bıçak kullanarak cildi

çıkarın. Pancarı halka halka doğrayıp kenara alın. (Pancarları birbirine karıştırmayın ki kırmızı pancarlar altın pancarlara renk vermesin. Pancarları 1 gün önceden pişirip buzdolabında bekletebilirsiniz. Servis yapmadan önce soğumaya bırakın.)

3. Tavuk için, her bir tavuk göğsünü yatay olarak ikiye bölün. Her bir tavuk parçasını iki parça streç film arasına yerleştirin. Bir et tokmağı kullanarak, yaklaşık ¾ inç kalınlığa kadar hafifçe dövün. Tavuğu sığ bir kaseye koyun ve bir kenara koyun.

4. Salata sosu için, büyük bir kapta ¾ fincan ahududuları bir çırpma teli ile hafifçe ezin (kalan ahududuları salata için ayırın). Sirke, tarhun, arpacık soğanı ve Dijon hardalı ekleyin; çırpıcı ile karıştırın. İnce bir akışta ¼ fincan zeytinyağı ekleyin ve iyice birleştirmek için çırpın. Tavuğun üzerine ½ su bardağı salata sosu dökün; tavuğu kaplamak için ters çevirin (kalan salata suyunu salata için ayırın). Tavuğu oda sıcaklığında 15 dakika marine edin. Tavuğu turşudan çıkarın ve üzerine biber serpin; kasede kalan turşuyu atın.

5. Kömürlü veya gazlı ızgarada, tavuğu doğrudan orta ateşte ızgara ızgarasına yerleştirin. Örtün ve 8 ila 10 dakika veya tavuk artık pembeleşene kadar ızgara yapın, ızgaranın ortasında bir kez çevirin. (Tavuk ızgarada tavada da pişirilebilir.)

6. Büyük bir kapta marul, pancar ve kalan 1¼ su bardağı ahududuları birleştirin. Ayrılmış salata suyunu salatanın üzerine dökün; ceketin üzerine hafifçe fırlatın. Salatayı dört servis tabağına paylaştırın; her birini ızgara tavuk

göğsü ile doldurun. Kavrulmuş bademleri kabaca doğrayın ve her şeyi üzerine serpin. Hemen servis yapın.

TAZE DOMATES SOSU VE SEZAR SALATASI ILE BROKOLI RABE ILE DOLDURULMUŞ TAVUK GÖĞSÜ

HAZIRLIK: 40 dakika pişirme: 25 dakika pişirme: 6 porsiyon

- 3 kaşık zeytinyağı
- 2 çay kaşığı kıyılmış sarımsak
- ¼ çay kaşığı öğütülmüş kırmızı biber
- 1 pound brokoli raab, kesilmiş ve doğranmış
- ½ su bardağı kükürtsüz altın kuru üzüm
- ½ su bardağı su
- 4 derisiz, kemiksiz 5-6 ons tavuk göğsü yarısı
- 1 bardak doğranmış soğan
- 3 su bardağı doğranmış domates
- ¼ fincan kıyılmış taze fesleğen
- 2 yemek kaşığı kırmızı şarap sirkesi
- 3 kaşık taze limon suyu
- 2 yemek kaşığı Paleo Mayo (bkz. yemek tarifi)
- 2 çay kaşığı Dijon usulü hardal (bkz. yemek tarifi)
- 1 çay kaşığı kıyılmış sarımsak
- ½ çay kaşığı karabiber
- ¼ su bardağı zeytinyağı
- 10 su bardağı kıyılmış marul

1. Büyük bir tavada 1 çorba kaşığı zeytinyağını orta-yüksek ateşte ısıtın. Sarımsak ve ezilmiş kırmızı biber ekleyin; pişirin ve 30 saniye veya kokulu olana kadar karıştırın. Doğranmış brokoli, kuru üzüm ve ½ su bardağı su ekleyin. Örtün ve yaklaşık 8 dakika veya brokoli raabı soluncaya ve yumuşayana kadar pişirin. Kapağı tavadan çıkarın; fazla suyun buharlaşmasına izin verin. Kenara koyun.

2. Küçük rulolar için her bir tavuk göğsünü uzunlamasına ikiye bölün; her parçayı iki plastik sargı parçası arasına yerleştirin. Bir et tokmağının düz tarafını kullanarak tavuğu yaklaşık ¼ inç kalınlığında hafifçe dövün. Her rulonun kısa uçlarından birine yaklaşık ¼ fincan brokoli raab karışımı koyun; dolguyu tamamen kapatmak için yuvarlayın ve yanları katlayın. (Rulolar 1 gün öncesine kadar yapılabilir ve pişene kadar buzdolabında saklanabilir.)

3. Büyük bir tavada 1 çorba kaşığı zeytinyağını orta-yüksek ateşte ısıtın. Ruloları, dikiş tarafları aşağı gelecek şekilde ekleyin. Pişirme sırasında iki veya üç kez çevirerek yaklaşık 8 dakika veya her tarafı kızarana kadar pişirin. Ruloları bir tabağa yerleştirin.

4. Sos için kalan zeytinyağından 1 çorba kaşığı orta ateşte bir tavada ısıtın. soğan ekleyin; yaklaşık 5 dakika veya yarı saydam olana kadar pişirin. Domates ve fesleğeni katıp karıştırın. Ruloları tavadaki sosun üzerine yerleştirin. Orta-yüksek ateşte kaynatın; ısıyı azaltın. Örtün ve yaklaşık 5 dakika veya domatesler parçalanmaya başlayana kadar ancak şeklini koruyana ve rulolar aşırı ısınmayana kadar pişirin.

5. Sos için küçük bir kasede limon suyu, Paleo Mayo, Dijon hardalı, sarımsak ve karabiberi çırpın. ¼ fincan zeytinyağı dökün ve emülsifiye olana kadar çırpın. Büyük bir kapta, sosu kıyılmış kimyonla karıştırın. Servis yapmak için, marulu altı servis tabağına bölün. Ruloları kesin ve bir marul üzerinde düzenleyin; domates sosu gezdirin.

BAHARATLI SEBZELER VE ÇAM SOSU ILE IZGARA TAVUK SHAWARMA DÜRÜM

HAZIRLIK:20 dakika marine etme: 30 dakika ızgara yapma: 10 dakika üretim: 8 dürüm (4 porsiyon)

- 1 ½ pound derisiz, kemiksiz yarım tavuk göğsü, 2 inçlik parçalar halinde kesilmiş
- 5 kaşık zeytinyağı
- 2 kaşık taze limon suyu
- 1¾ çay kaşığı öğütülmüş kimyon
- 1 çay kaşığı kıyılmış sarımsak
- 1 çay kaşığı kırmızı biber
- ½ çay kaşığı köri
- ½ çay kaşığı öğütülmüş tarçın
- ¼ çay kaşığı acı biber
- 1 orta boy kabak, ikiye bölünmüş
- 1 küçük patlıcan, ½ inçlik dilimler halinde kesin
- 1 büyük sarı tatlı biber, ikiye bölünmüş ve çekirdekleri çıkarılmış
- 1 orta boy kırmızı soğan, dörde bölünmüş
- 8 çeri domates
- 8 büyük yaprak marul
- Kavrulmuş çam fıstığı sosu (bkz.<u>yemek tarifi</u>)
- limon dilimleri

1. Marine için 3 yemek kaşığı zeytinyağı, limon suyu, 1 çay kaşığı kimyon, sarımsak, ½ çay kaşığı kırmızı biber, köri tozu, ¼ çay kaşığı tarçın ve kırmızı biberi küçük bir kapta karıştırın. Tavuk parçalarını sığ bir kasede büyük, açılıp kapanabilir bir plastik torbaya koyun. Marinayı tavuğun üzerine dökün. Kilitleme torbası; çantayı paltoya çevir. Torbayı ara sıra çevirerek buzdolabında 30 dakika marine edin.

2. Tavuğu marineden çıkarın; turşuyu atın. Tavuğu dört uzun şişin üzerine geçirin.

3. Kabağı, patlıcanı, tatlı biberi ve soğanı bir fırın tepsisine koyun. 2 yemek kaşığı zeytinyağı ile gezdirin. Kalan ¾ çay kaşığı kimyon, kalan ½ çay kaşığı kırmızı biber ve kalan ¼ çay kaşığı tarçın serpin; hafifçe sebze serpin. Domatesleri iki şişin üzerine geçirin.

3. Kömürlü veya gazlı ızgarada tavuk ve domates kebaplarını ve sebzeleri orta ateşte ızgara rafına yerleştirin. Tavuğun pembeliği kaybolana ve sebzeler hafifçe kömürleşip çıtır çıtır olana kadar üzerini örtün ve ızgara yapın, bir kez çevirin. Tavuk için 10-12 dakika, sebzeler için 8-10 dakika ve domatesler için 4 dakika bekleyin.

4. Tavukları şişlerden çıkarın. Tavuğu kesin ve kabağı, patlıcanı ve tatlı biberi parçalara ayırın. Domatesleri şişlerden çıkarın (doğramayın). Tavukları ve sebzeleri bir tabağa dizin. Servis yapmak için marulun içine biraz tavuk ve sebze koyun; üzerine kavrulmuş çam fıstığı sosu gezdirin. Limon dilimleri ile servis yapın.

FIRINDA MANTARLI TAVUK GÖĞSÜ, SARIMSAKLI KARNABAHAR PÜRESİ VE KAVRULMUŞ KUŞKONMAZ

BAŞLANGIÇTAN BITIME: 50 dakika yapar: 4 porsiyon

4 10 ila 12 ons tavuk göğsü yarısı, derisiz

3 su bardağı küçük beyaz mantar

1 su bardağı ince dilimlenmiş pırasa veya sarı soğan

2 su bardağı tavuk kemiği suyu (bkz.yemek tarifi) veya ilave tuz içermeyen tavuk suyu

1 bardak sek beyaz şarap

1 büyük demet taze kekik

Karabiber

Beyaz şarap sirkesi (isteğe bağlı)

1 baş karnabahar, çiçeklerine bölünmüş

12 diş sarımsak, soyulmuş

2 kaşık zeytinyağı

Beyaz veya acı biber

1 pound kuşkonmaz, kesilmiş

2 kaşık zeytinyağı

1. Fırını 400°F'ye ısıtın. Tavuk göğsünü 3 litrelik dikdörtgen bir fırın tepsisine yerleştirin; üstüne mantar ve pırasa koyun. Tavuk ve sebzeleri tavuk kemiği suyu ve şarapla kaplayın. Her şeyi kekik serpin ve karabiber serpin. Kaseyi folyo ile örtün.

2. 35 ila 40 dakika veya tavuk kayıtlarına anında okunan bir termometre 170°F'ye girene kadar pişirin. Kekik dallarını çıkarın ve atın. İstenirse, servis yapmadan önce kızartma sıvısını biraz sirke ile tatlandırın.

2. Bu arada büyük bir tencerede karnabaharı ve sarımsağı üzerini geçecek kadar kaynar suda yaklaşık 10 dakika veya tamamen yumuşayana kadar pişirin. Karnabahar ve sarımsağı süzün, pişirme sıvısından 2 yemek kaşığı ayırın. Karnabaharı ve ayrılmış pişirme sıvısını bir mutfak robotuna veya büyük bir karıştırma kabına koyun. Pürüzsüz olana kadar işleyin* veya bir patates ezici ile ezin; 2 yemek kaşığı zeytinyağında karıştırın ve beyaz biberle tatlandırın. Servis yapmaya hazır olana kadar sıcak tutun.

3. Kuşkonmazı bir fırın tepsisine tek kat halinde yerleştirin. 2 çay kaşığı zeytinyağı ile gezdirin ve kaplayın. Karabiber serpin. 400 ° F fırında yaklaşık 8 dakika veya gevrek olana kadar pişirin, bir kez fırlatın.

4. Püre haline getirilmiş karnabaharı altı servis tabağına paylaştırın. Üzerine tavuk, mantar ve pırasayı koyun. Biraz kavurma sıvısından gezdirin; kavrulmuş kuşkonmaz ile servis edilir.

*Not: Mutfak robotu kullanıyorsanız karnabaharı fazla işlememeye dikkat edin.

TAY USULÜ TAVUK ÇORBASI

HAZIRLIK:30 dakika Dondurma: 20 dakika Pişirme: 50 dakika Yapım: 4 ila 6 porsiyon

DEMIRHINDI MISK KOKULU, EKŞI BIR MEYVEDIR. HINT, TAYLAND VE MEKSIKA MUTFAĞINDA KULLANILIR. TICARI OLARAK HAZIRLANMIŞ BIRÇOK DEMIRHINDI EZMESI ŞEKER IÇERIR - IÇERMEYEN BIR TANE ALDIĞINIZDAN EMIN OLUN. KAFFIR MISKET LIMONU YAPRAKLARI ÇOĞU ASYA PAZARINDA TAZE, DONDURULMUŞ VE KURUTULMUŞ OLARAK BULUNABILIR. ONLARI BULAMAZSANIZ, BU TARIFTEKI YAPRAKLAR IÇIN 1½ ÇAY KAŞIĞI INCE RENDELENMIŞ LIMON KABUĞU RENDESI KULLANIN.

- 2 sap limon otu, kesilmiş
- 2 yemek kaşığı rafine edilmemiş hindistancevizi yağı
- ½ fincan ince dilimlenmiş soğan
- 3 büyük diş sarımsak, ince dilimlenmiş
- 8 su bardağı tavuk kemiği suyu (bkz. yemek tarifi) veya ilave tuz içermeyen tavuk suyu
- ¼ su bardağı şeker ilavesiz demirhindi ezmesi (Tamicon markası gibi)
- 2 yemek kaşığı nori gevreği
- 3 ince dilimlenmiş taze Tayland biberi, çekirdekleri sağlam (bkz. uç)
- 3 kafir misket limonu yaprağı
- 1 3-inç parça zencefil, ince dilimlenmiş
- 4 6 ons derisiz, kemiksiz yarım tavuk göğsü
- 1 14,5 ons tuz eklenmemiş kutu doğranmış kavrulmuş domates, süzülmüş değil
- 6 ons ince kuşkonmaz mızrakları, kesilmiş ve çapraz olarak ½ inçlik parçalar halinde ince dilimlenmiş
- ½ fincan paketlenmiş Tay fesleğen yaprağı (bkz. Not)

1. Limon otunun saplarını bıçağın arkasıyla kuvvetlice bastırarak ezin. Çürümüş sapları ince ince doğrayın.

2. Hindistan cevizi yağını bir Hollanda fırınında orta ateşte ısıtın. Limon otu ve soğan ekleyin; sık sık karıştırarak 8 ila 10 dakika pişirin. Sarımsak ekleyin; pişirin ve 2 ila 3 dakika veya çok kokulu olana kadar karıştırın.

3. Tavuk kemiği suyu, demirhindi ezmesi, nori gevreği, kırmızı biber, ıhlamur yaprağı ve zencefili ekleyin. kaynatın; ısıyı azaltın. Örtün ve 40 dakika pişirin.

4. Bu sırada tavuğu 20 ila 30 dakika veya sertleşene kadar dondurun. Tavuğu ince dilimler halinde kesin.

5. Çorbayı ince bir süzgeçten geçirerek büyük bir tencereye süzün ve tadını çıkarmak için büyük bir kaşığın arkasıyla bastırın. Katıları atın. Çorbayı kaynatın. Tavuğu, suyu çıkarılmamış domatesi, kuşkonmazı ve fesleğeni ilave edin. Isıyı azaltın; 2 ila 3 dakika veya tavuk tamamen pişene kadar açıkta pişirin. Hemen servis yapın.

HINDIBA ILE LIMON VE ADAÇAYI ILE FIRINDA TAVUK

HAZIRLIK: 15 dakika pişirme: 55 dakika bekleme süresi: 5 dakika miktar: 4 porsiyon

LIMON DILIMLERI VE ADAÇAYI YAPRAĞI TAVUĞUN DERISININ ALTINA YERLEŞTIRILIR, PIŞERKEN ETIN TADINA BAKILIR VE FIRINDAN ÇIKARILDIĞINDA ÇITIR ÇITIR, OPAK DERININ ALTINDA GÖZ ALICI BIR TASARIM OLUŞTURULUR.

- 4 kemiksiz yarım tavuk göğsü (derili)
- 1 limon, çok ince dilimler halinde kesin
- 4 büyük adaçayı yaprağı
- 2 kaşık zeytinyağı
- 2 çay kaşığı Akdeniz baharatı (bkz. yemek tarifi)
- ½ çay kaşığı karabiber
- 2 kaşık sızma zeytinyağı
- 2 arpacık, dilimlenmiş
- 2 diş sarımsak, kıyılmış
- 4 kafa, uzunlamasına ikiye bölünmüş

1. Fırını 400°F'ye ısıtın. Bir bıçak kullanarak, göğsün her iki yarısındaki deriyi çok dikkatli bir şekilde gevşetin ve bir tarafa yapışık bırakın. Her bir göğüsten etin üzerine 2 dilim limon ve 1 adaçayı yaprağı koyun. Deriyi yavaşça yerine geri çekin ve sabitlemek için hafifçe bastırın.

2. Tavuğu sığ bir fırın tepsisine yerleştirin. Tavuğu 2 çay kaşığı zeytinyağı ile fırçalayın; Akdeniz baharatı ve ¼ çay kaşığı yenibahar serpin. Açıkta, yaklaşık 55 dakika veya cilt kızarana ve gevrekleşene ve tavuk kayıtlarına 170 ° F'lik anında okunan bir termometre yerleştirilene kadar pişirin. Servis yapmadan önce tavuğu 10 dakika bekletin.

3. Bu arada, 2 yemek kaşığı zeytinyağını büyük bir tavada orta ateşte ısıtın. Arpacık ekleyin; yaklaşık 2 dakika veya yarı saydam olana kadar pişirin. Kalan ¼ çay kaşığı biberi hindibanın üzerine serpin. Tavaya sarımsak ekleyin. Hindibayı tavaya, kesik tarafı aşağı gelecek şekilde yerleştirin. Yaklaşık 5 dakika veya kızarana kadar pişirin. Hindibayı dikkatlice çevirin; 2 ila 3 dakika daha veya yumuşayana kadar pişirin. tavuk ile servis edilir.

SOĞAN, SU TERESİ VE TURPLU TAVUK

HAZIRLIK:20 dakika pişirme: 8 dakika pişirme: 30 dakika üretim: 4 porsiyon

TURP PIŞIRMEK GARIP GELSE DE, BURADA ZAR ZOR PIŞIRILIRLER - BAHARATLI ISIRIKLARINI YUMUŞATMAYA VE BIRAZ YUMUŞATMAYA YETECEK KADAR.

3 kaşık zeytinyağı
4 10 ila 12 ons kemiksiz tavuk göğsü yarımları (ciltli)
1 yemek kaşığı limon otu baharatı (bkz.yemek tarifi)
¾ bardak doğranmış soğan
6 turp, ince dilimler halinde kesilmiş
¼ çay kaşığı karabiber
½ su bardağı sek beyaz vermut veya sek beyaz şarap
⅓ fincan kaju kreması (bkz.yemek tarifi)
1 demet su teresi, sapları ayıklanmış, kabaca doğranmış
1 yemek kaşığı kıyılmış taze dereotu

1. Fırını 350°F'ye ısıtın. Büyük bir tavada zeytinyağını orta-yüksek ateşte ısıtın. Tavuğu bir kağıt havluyla kurulayın. Tavuğu derisi alta gelecek şekilde 4 ila 5 dakika veya derisi altın sarısı ve çıtır çıtır olana kadar pişirin. Tavuğu çevirin; yaklaşık 4 dakika veya kızarana kadar pişirin. Tavuğu deri tarafı yukarı gelecek şekilde sığ bir fırın tepsisine yerleştirin. Tavuğu limon otlu baharatla serpin. Yaklaşık 30 dakika veya tavuğa yerleştirilen anında okunan bir termometre 170 ° F'yi kaydedene kadar pişirin.

2. Bu sırada tavadan 1 çorba kaşığı hariç hepsini dökün; tavayı tekrar ateşe verin. Soğan ve turp ekleyin; yaklaşık 3 dakika veya sadece soğan soluncaya kadar pişirin. Biber serpin. Kızarmış parçaları sıyırmak için karıştırarak

vermutu ekleyin. kaynatın; azalana ve hafifçe kalınlaşana kadar pişirin. Kaju kremasını karıştırın; kaynatın. Tavayı ocaktan alın; su teresi ve dereotu ekleyin, su teresi soluncaya kadar hafifçe karıştırın. Kızartma tavasında birikmiş tavuk sularını ilave edin.

3. Soğan karışımını dört servis tabağına paylaştırın; tavuk ile üst.

TAVUK TIKKA MASALA

HAZIRLIK:30 dakika Marine etme: 4 - 6 saat Pişirme: 15 dakika Izgara: 8 dakika Miktar: 4 porsiyon

BU, ÇOK POPÜLER BIR HINT YEMEĞINDEN ESINLENMIŞTIR. HINDISTAN'DA DEĞIL, İNGILTERE'DEKI BIR HINT RESTORANINDA ORTAYA ÇIKMIŞ OLABILIR. GELENEKSEL TAVUK TIKKA MASALA, TAVUĞUN YOĞURTTA MARINE EDILMESINI VE ARDINDAN ÜZERINE KREMA GEZDIRILMIŞ BAHARATLI DOMATES SOSUNDA PIŞIRILMESINI GEREKTIRIR. SOSUN TADINI SULANDIRACAK SÜT ÜRÜNÜ İÇERMEYEN BU VERSIYON ÖZELLIKLE LEZZETLIDIR. PILAV YERINE ÇITIR KABAK ERIŞTESI ÜZERINDE SERVIS EDILIR.

- 1 ½ pound derisiz tavuk butları veya kemiksiz yarım tavuk göğsü
- ¾ fincan doğal hindistan cevizi sütü (Nature's Way gibi)
- 6 diş sarımsak, kıyılmış
- 1 yemek kaşığı rendelenmiş taze zencefil
- 1 çay kaşığı öğütülmüş kişniş
- 1 çay kaşığı kırmızı biber
- 1 çay kaşığı öğütülmüş kimyon
- ¼ çay kaşığı öğütülmüş kakule
- 4 yemek kaşığı rafine hindistan cevizi yağı
- 1 su bardağı doğranmış havuç
- 1 ince dilimlenmiş kereviz
- ½ bardak doğranmış soğan
- 2 jalapeño veya serrano chiles, çekirdekleri çıkarılmış (gerekirse) ve ince kıyılmış (bkz.uç)
- 1 14,5 ons tuz eklenmemiş kutu doğranmış kavrulmuş domates, süzülmüş değil
- 1 8 ons tuz eklenmemiş domates sosu
- 1 çay kaşığı tuz eklemeden garam masala
- 3 orta boy kabak
- ½ çay kaşığı karabiber

taze kişniş yaprakları

1. Tavuk budu kullanıyorsanız, her bir budu üç parçaya bölün. Yarım tavuk göğsü kullanıyorsanız, her bir göğsün yarısını 2 inçlik parçalar halinde kesin ve kalın parçaları daha ince yapmak için yatay olarak ikiye bölün. Tavuğu büyük, yeniden kapatılabilir bir plastik torbaya koyun; Bırakmak. Marine için ½ su bardağı hindistan cevizi sütü, sarımsak, zencefil, kişniş, kırmızı biber, kimyon ve kakuleyi küçük bir kapta birleştirin. Turşuyu poşetteki tavuğun üzerine dökün. Torbayı kapatın ve tavuğu kaplamak için ters çevirin. Torbayı orta kaseye yerleştirin; Torbayı ara sıra çevirerek buzdolabında 4 ila 6 saat marine edin.

2. Izgarayı önceden ısıtın. Orta ateşte büyük bir tavada 2 yemek kaşığı hindistancevizi yağını ısıtın. Havuç, kereviz ve soğan ekleyin; 6 ila 8 dakika veya sebzeler yumuşayana kadar ara sıra karıştırarak pişirin. Jalapeno ekleyin; pişirin ve 1 dakika daha karıştırın. Sıkılmamış domatesleri ve domates sosunu ekleyin. kaynatın; ısıyı azaltın. Yaklaşık 5 dakika veya sos hafifçe kalınlaşana kadar kapağı açık olarak pişirin.

3. Tavuğu boşaltın, turşuyu atın. Tavuk parçalarını ızgara tavasının ısıtılmamış rafına tek bir tabaka halinde yerleştirin. 5 ila 6 inç ateşte 8 ila 10 dakika veya tavuk artık pembeleşene kadar ızgara yapın, ızgaranın ortasında bir kez çevirin. Pişmiş tavuk parçalarını ve kalan ¼ bardak hindistancevizi sütünü tavadaki domates karışımına ekleyin. 1 ila 2 dakika veya iyice ısınana kadar pişirin. Ateşten alın; garam masala'yı karıştırın.

4. Kabağı kesin. Bir jülyen kesici kullanarak, kabağı uzun, ince şeritler halinde kesin. Ekstra büyük bir tavada kalan 2

yemek kaşığı hindistancevizi yağını orta-yüksek ateşte ısıtın. Kabak şeritleri ve karabiber ekleyin. 2 ila 3 dakika veya kabak gevrekleşinceye kadar pişirin ve karıştırın.

5. Servis yaparken kabağı dört servis tabağına paylaştırın. Üzerine tavuklu karışımı koyun. Kişniş yaprakları ile süsleyin.

RAS EL HANOUT TAVUK BUTLARI

HAZIRLIK: 20 dakika pişirme: 40 dakika miktar: 4 porsiyon

RAS EL HANOUT BIR KOMPLEKSTIRVE EGZOTIK BIR FAS BAHARAT KARIŞIMI. ARAPÇA'DA "DÜKKAN BAŞKANI" ANLAMINA GELEN BU IFADE, BAHARAT SATICISININ SUNDUĞU EN IYI BAHARATLARIN EŞSIZ BIR KARIŞIMI OLDUĞU ANLAMINA GELIR. RAS EL HANOUT IÇIN BELIRLENMIŞ BIR TARIF YOKTUR, ANCAK GENELLIKLE ZENCEFIL, ANASON, TARÇIN, KÜÇÜK HINDISTAN CEVIZI, KARABIBER, KARANFIL, KAKULE, KURU ÇIÇEKLER (LAVANTA VE GÜL GIBI), ÇÖREK OTU, KÜÇÜK HINDISTAN CEVIZI, HAVLICAN VE ZERDEÇAL KARIŞIMI IÇERIR.

1 kaşık öğütülmüş kimyon
2 çay kaşığı öğütülmüş zencefil
1½ çay kaşığı karabiber
1½ çay kaşığı öğütülmüş tarçın
1 çay kaşığı öğütülmüş kişniş
1 çay kaşığı acı biber
1 çay kaşığı öğütülmüş yenibahar
½ çay kaşığı öğütülmüş karanfil
¼ çay kaşığı öğütülmüş hindistan cevizi
1 çay kaşığı safran ipi (isteğe bağlı)
4 yemek kaşığı rafine edilmemiş hindistancevizi yağı
8 kemiksiz tavuk budu
1 8 onsluk paket taze mantar, dilimlenmiş
1 bardak doğranmış soğan
1 su bardağı doğranmış kırmızı, sarı veya yeşil dolmalık biber (1 büyük)
4 Roma domatesi, çekirdekleri çıkarılmış, çekirdekleri çıkarılmış ve doğranmış
4 diş sarımsak, kıyılmış
2 13,5 onsluk doğal hindistan cevizi sütü kutusu (Nature's Way gibi)
3 ila 4 yemek kaşığı taze limon suyu
¼ fincan ince kıyılmış taze kişniş

1. Ras el hanout için kimyon, zencefil, karabiber, tarçın, kişniş, kırmızı biber, yenibahar, karanfil, hindistan cevizi ve istenirse safranı orta boy bir havanda veya küçük bir kapta karıştırın. İyice karıştırmak için bir tokmakla ezin veya bir kaşıkla karıştırın. Kenara koyun.

2. Ekstra büyük bir tavada 2 yemek kaşığı hindistancevizi yağını orta ateşte ısıtın. Tavuk budu üzerine 1 yemek kaşığı ras el hanout serpin. Tavaya tavuk ekleyin; 5 ila 6 dakika veya kızarana kadar pişirin, pişirme işleminin yarısında bir kez çevirin. Tavuğu tavadan çıkarın; sıcak tut

3. Aynı tavada kalan 2 yemek kaşığı hindistancevizi yağını orta ateşte ısıtın. Mantar, soğan, tatlı biber, domates ve sarımsağı ekleyin. Yaklaşık 5 dakika veya sebzeler yumuşayana kadar pişirin ve karıştırın. Hindistan cevizi sütü, limon suyu ve 1 yemek kaşığı ras el hanout ile karıştırın. Tavuğu tavaya geri koyun. kaynatın; ısıyı azaltın. Yaklaşık 30 dakika veya tavuk yumuşayana kadar (175°F) üzeri kapalı olarak pişirin.

4. Tavuğu, sebzeleri ve sosu kaselere servis edin. Kişniş ile süsleyin.

Not: Artık Ras el Hanout'u kapalı bir kapta 1 aya kadar saklayın.

KIZARMIŞ ISPANAK ÜZERINE YILDIZ MEYVELI ADOBO TAVUK UYLARI

HAZIRLIK: 40 dakika Marine etme: 4 ila 8 saat Pişirme: 45 dakika Yapım: 4 porsiyon

GEREKIRSE TAVUĞU KURULAYIN TAVADA KIZARTILMADAN ÖNCE MARINEDEN ÇIKARILDIKTAN SONRA KAĞIT HAVLU ILE ETIN ÜZERINDE KALAN HERHANGI BIR SIVI, SICAK YAĞDA CIZIRDAR.

- 8 kemiksiz tavuk budu (1½ ila 2 pound), derisi alınmış
- ¾ fincan beyaz veya elma sirkesi
- ¾ su bardağı taze portakal suyu
- ½ su bardağı su
- ¼ bardak doğranmış soğan
- ¼ bardak kıyılmış taze kişniş
- 4 diş sarımsak, kıyılmış
- ½ çay kaşığı karabiber
- 1 kaşık zeytinyağı
- 1 yıldız meyve (carambola), dilimler halinde kesilmiş
- 1 su bardağı tavuk kemiği suyu (bkz. yemek tarifi) veya ilave tuz içermeyen tavuk suyu
- 2 9 onsluk paket taze ıspanak yaprağı
- Taze kişniş yaprakları (isteğe bağlı)

1. Tavuğu paslanmaz çelik veya emaye Hollanda fırınına koyun; Bırakmak. Orta boy bir kapta sirke, portakal suyu, su, soğan, ¼ su bardağı kıyılmış kişniş, sarımsak ve biberi birleştirin; tavukların üzerine dökün. Örtün ve buzdolabında 4 ila 8 saat marine edin.

2. Tavuk karışımını Hollanda fırınında orta-yüksek ateşte kaynatın; ısıyı azaltın. Örtün ve 35 ila 40 dakika veya tavuk artık pembe (175 ° F) olana kadar pişirin.

3. Yağı ekstra geniş bir tavada orta-yüksek ateşte ısıtın. Maşa kullanarak tavuğu Hollandalı fırından çıkarın ve pişirme sıvısını boşaltmak için hafifçe sallayın; yedek pişirme sıvısı. Tavuğu her taraftan kızartın, sık sık çevirerek eşit şekilde kahverengileştirin.

4. Bu sırada pişirme sıvısını sosun üzerine süzün; Hollandalı fırına dönün. kaynatın. Hafifçe azaltmak ve kalınlaştırmak için yaklaşık 4 dakika pişirin; yıldız meyvesi ekleyin; 1 dakika daha pişirin. Tavuğu Hollanda fırınındaki sosa geri koyun. Ateşten alın; sıcak tutmak için örtün.

5. Tavayı silin. Tavuk kemik suyunu tavaya dökün. Orta-yüksek ateşte kaynatın; ıspanağı karıştırın. Isıyı azaltın; 1 ila 2 dakika veya ıspanak soluncaya kadar sürekli karıştırarak pişirin. Delikli kepçe kullanarak ıspanakları servis tabağına alın. Üzerine soslu tavukları koyun. İstenirse kişniş yaprakları serpin.

CHIPOTLE MAYO ILE TAVUK-POBLANO LAHANA TACOS

HAZIRLIK:25 dakika pişirme: 40 dakika Yapılışı: 4 porsiyon

BU DAĞINIK AMA LEZZETLI TACOLARI SERVIS EDINYERKEN LAHANA YAPRAĞINDAN DÜŞEN IÇ MALZEMEYI ALMAK IÇIN BIR ÇATAL KULLANIN.

1 kaşık zeytinyağı

2 poblano biber, doğranmış (gerekirse) ve doğranmış (bkz.uç)

½ bardak doğranmış soğan

3 diş sarımsak, kıyılmış

1 yemek kaşığı tuzsuz pul biber

2 çay kaşığı öğütülmüş kimyon

½ çay kaşığı karabiber

1 8 ons tuz eklenmemiş domates sosu

¾ fincan tavuk kemiği suyu (bkz.yemek tarifi) veya ilave tuz içermeyen tavuk suyu

1 çay kaşığı kurutulmuş Meksika kekik, ezilmiş

1 ila 1½ pound derisiz, kemiksiz tavuk uylukları

10 ila 12 orta ila büyük lahana yaprağı

Chipotle Paleo Mayo (bkz.yemek tarifi)

1. Fırını 350°F'ye ısıtın. Fırına dayanıklı büyük bir tavada, yağı orta-yüksek ateşte ısıtın. Poblano chiles, soğan ve sarımsak ekleyin; 2 dakika karıştırarak pişirin. Biber tozu, kimyon ve karabiberi ilave edin; 1 dakika daha pişirin ve karıştırın (baharatların yanmaması için gerekirse ısıyı azaltın).

2. Domates sosu, tavuk kemik suyu ve kekiği tavaya ekleyin. kaynatın. Tavuk butlarını dikkatlice domates karışımına yerleştirin. Tavayı bir kapakla örtün. Tavuğu yarı yolda

çevirerek yaklaşık 40 dakika veya tavuk yumuşayana kadar (175°F) pişirin.

3. Tavuğu tavadan çıkarın; hafifçe soğutun. İki çatal kullanarak tavuğu lokma büyüklüğünde parçalara ayırın. Doğranmış tavuğu tavadaki domates karışımına karıştırın.

4. Hizmet etmek için tavuk karışımını lahana yapraklarına dökün; Chipotle Paleo Mayo ile üst.

BEBEK HAVUÇ VE BOK CHOY ILE TAVUK YAHNISI

HAZIRLIK:15 dakika pişirme: 24 dakika ayakta: 2 dakika Yapılır: 4 porsiyon

BABY BOK CHOY ÇOK YUMUŞAKVE ÇABUK PIŞEBILIR. GEVREK VE TAZE TADI KORUMAK IÇIN - SOLMUŞ VE ISLAK DEĞIL - YAHNIYI SERVIS ETMEDEN ÖNCE ÜSTÜ KAPALI BIR GÜVEÇTE (SICAKTA) EN FAZLA 2 DAKIKA KAYNATILDIĞINDAN EMIN OLUN.

- 2 kaşık zeytinyağı
- 1 pırasa, dilimlenmiş (beyaz ve açık yeşil kısım)
- 4 su bardağı tavuk kemiği suyu (bkz.yemek tarifi) veya ilave tuz içermeyen tavuk suyu
- 1 bardak sek beyaz şarap
- 1 yemek kaşığı Dijon usulü hardal (bkz.yemek tarifi)
- ½ çay kaşığı karabiber
- 1 dal taze kekik
- 1¼ pound derisiz, kemiksiz tavuk baldırları, 1 inçlik parçalar halinde kesilmiş
- Üstleri temizlenmiş, kesilmiş ve uzunlamasına ikiye bölünmüş 8 ons bebek havuç veya 2 orta boy havuç, çapraz olarak dilimlenmiş
- 2 çay kaşığı ince rendelenmiş limon kabuğu (kenara koyun)
- 1 yemek kaşığı taze limon suyu
- 2 baş baby bok choy
- ½ çay kaşığı kıyılmış taze kekik

1. Büyük bir tencerede 1 yemek kaşığı zeytinyağını orta ateşte ısıtın. Pırasaları kızgın yağda 3-4 dakika veya solana kadar pişirin. Tavuk kemiği suyu, şarap, Dijon hardalı, ¼ çay kaşığı yenibahar ve bir kekik sapı ekleyin. kaynatın; ısıyı azaltın. 10 ila 12 dakika veya sıvı yaklaşık üçte bir oranında azalana kadar pişirin. Kekik dalını atın.

2. Bu arada, kalan 1 çorba kaşığı zeytinyağını Hollanda fırınında orta-yüksek ateşte ısıtın. Tavuğu kalan ¼ çay kaşığı biberle serpin. Sıcak yağda ara sıra karıştırarak yaklaşık 3 dakika veya kızarana kadar pişirin. Gerekirse, yağı boşaltın. Azaltılmış stok karışımını dikkatlice tencereye ekleyin, kahverengi parçaları kazıyın; havuç ekleyin. kaynatın; ısıyı azaltın. 8 ila 10 dakika veya havuçlar yumuşayana kadar kapağı açık şekilde pişirin. Limon suyunu karıştırın. Çin lahanasını uzunlamasına ikiye bölün. (Bok choy başları büyükse dörde bölün.) Çin lahanasını tenceredeki tavuğun üzerine yerleştirin. Örtün ve ocaktan alın; 2 dakika bekletin.

3. Sığ kaselerde güveç yapmak için bir kepçe kullanın. Limon kabuğu rendesi ve kıyılmış kekik serpin.

SALATA DÜRÜMLERINDE KAJU-PORTAKALLI TAVUK VE TATLI BIBERI SOTELEYIN

BAŞLANGIÇTAN BITIME: 45 dakika yapar: 4 ila 6 porsiyon

IKI TIP BULACAKSINIZRAFLARDAKI HINDISTANCEVIZI YAĞI - RAFINE EDILMIŞ VE SIZMA VEYA RAFINE EDILMEMIŞ. ADINDAN DA ANLAŞILACAĞI GIBI, SIZMA HINDISTAN CEVIZI YAĞI, TAZE, ÇIĞ HINDISTAN CEVIZININ ILK PRESLENMESINDEN GELIR. ORTA VEYA ORTA-YÜKSEK ISIDA YEMEK PIŞIRIRKEN HER ZAMAN DAHA IYI BIR SEÇIMDIR. RAFINE HINDISTANCEVIZI YAĞININ DUMANLANMA NOKTASI DAHA YÜKSEKTIR, BU NEDENLE ONU YALNIZCA YÜKSEK SICAKLIKTA PIŞIRIRKEN KULLANIN.

- 1 yemek kaşığı rafine hindistan cevizi yağı
- 1½ ila 2 pound derisiz, kemiksiz tavuk baldırları, ince şeritler halinde kesilmiş
- 3 adet kırmızı, turuncu ve/veya sarı dolmalık biber, sapları çıkarılmış, çekirdekleri çıkarılmış ve ince dilimlenmiş
- 1 kırmızı soğan, uzunlamasına ikiye bölünmüş ve ince dilimlenmiş
- 1 çay kaşığı ince rendelenmiş portakal kabuğu (kenara koyun)
- ½ su bardağı taze portakal suyu
- 1 yemek kaşığı öğütülmüş taze zencefil
- 3 diş sarımsak, kıyılmış
- 1 su bardağı tuzsuz çiğ kaju fıstığı, kızartılmış ve kabaca doğranmış (bkz. uç)
- ½ su bardağı kıyılmış yeşil soğan (4)
- 8 ila 10 yaprak tereyağı veya marul

1. Wok tavada veya büyük bir tavada hindistancevizi yağını yüksek ateşte ısıtın. tavuk ekleyin; 2 dakika karıştırarak pişirin. Dolmalık biber ve soğan ekleyin; 2 ila 3 dakika veya sebzeler yumuşayana kadar pişirin ve karıştırın. Tavuğu ve sebzeleri wok'tan çıkarın; sıcak tut

2. Wok tavasını bir kağıt havluyla silin. Wok'a portakal suyunu ekleyin. Yaklaşık 3 dakika veya meyve suları kaynayana ve hafifçe azalana kadar pişirin. Zencefil ve sarımsak ekleyin. 1 dakika pişirin ve karıştırın. Tavuk ve biber karışımını wok'a geri koyun. Portakal kabuğu, kaju fıstığı ve soğanı karıştırın. Kızarmış pirinci marul yaprakları üzerinde servis edin.

VIETNAM HINDISTAN CEVIZLI LIMONLU TAVUK

BAŞLANGIÇTAN BITIME:30 dakika yapar: 4 porsiyon

BU HIZLI HINDISTANCEVIZI KÖRIDOĞRAMAYA BAŞLADIKTAN 30 DAKIKA SONRA MASADA OLABILIR, BU DA ONU YOĞUN BIR HAFTA IÇIN MÜKEMMEL BIR ÖĞÜN HALINE GETIRIR.

1 yemek kaşığı rafine edilmemiş hindistancevizi yağı
4 sap limon otu (sadece hafif kısımlar)
1 3,2 onsluk paket istiridye mantarı, doğranmış
1 büyük soğan, ince dilimlenmiş, halkalar ikiye bölünmüş
1 adet taze jalapeño, çekirdeği çıkarılmış ve ince doğranmış (bkz.uç)
2 yemek kaşığı öğütülmüş taze zencefil
3 diş sarımsak, doğranmış
1½ pound derisiz, kemiksiz tavuk butları, ince dilimlenmiş ve parçalar halinde kesilmiş
½ fincan doğal hindistan cevizi sütü (Nature's Way gibi)
½ su bardağı tavuk kemiği suyu (bkz.yemek tarifi) veya ilave tuz içermeyen tavuk suyu
1 yemek kaşığı tuzsuz kırmızı köri
½ çay kaşığı karabiber
½ su bardağı kıyılmış taze fesleğen yaprağı
2 yemek kaşığı taze limon suyu
Şekersiz rendelenmiş hindistan cevizi (isteğe bağlı)

1. Ekstra büyük bir tavada hindistancevizi yağını orta ateşte ısıtın. Limon otu ekleyin; 1 dakika karıştırarak pişirin. Mantar, soğan, jalapeño, zencefil ve sarımsak ekleyin; 2 dakika veya soğan yumuşayana kadar pişirin ve karıştırın. tavuk ekleyin; yaklaşık 3 dakika veya tavuk tamamen pişene kadar pişirin.

2. Küçük bir kapta hindistan cevizi sütü, tavuk kemiği suyu, köri tozu ve karabiberi birleştirin. Tavadaki tavuk karışımına ekleyin; 1 dakika veya sıvı hafifçe kalınlaşana kadar pişirin. Ateşten alın; taze fesleğen ve limon suyunu karıştırın. İstenirse, porsiyonlara hindistancevizi serpin.

IZGARA TAVUK VE ELMA ESCAROLE SALATASI

HAZIRLIK:30 dakika ızgara: 12 dakika Yapım: 4 porsiyon

DAHA TATLI BIR ELMAYI SEVIYORSANIZ,BAL ILE GITMEK IÇIN. EKŞI ELMALARI SEVIYORSANIZ, GRANNY SMITH KULLANIN VEYA DENGE IÇIN IKI ÇEŞIDIN BIR KOMBINASYONUNU DENEYIN.

3 orta boy Honeycrisp veya Granny Smith elma
4 çay kaşığı sızma zeytinyağı
½ su bardağı ince kıyılmış maydanoz
2 yemek kaşığı kıyılmış taze maydanoz
1 kaşık tavuk baharatı
3 ila 4 baş eskarol, dörde bölünmüş
1 pound öğütülmüş tavuk veya hindi göğsü
⅓ su bardağı kıyılmış kavrulmuş fındık*
⅓ fincan klasik Fransız salata sosu (bkz.yemek tarifi)

1. Elmaları ikiye bölün ve ikiye bölün. 1 elmayı soyun ve ince ince doğrayın. Orta boy bir tavada, 1 çay kaşığı zeytinyağını orta ateşte ısıtın. Dilimlenmiş elma ve arpacık ekleyin; yumuşayana kadar pişirin. Maydanoz ve kümes hayvanı baharatını karıştırın. Soğuması için kenara alın.

2. Bu arada kalan 2 elmanın çekirdeklerini çıkarıp ay şeklinde doğrayın. Elma dilimlerinin ve hindibanın kesik taraflarını kalan zeytinyağı ile fırçalayın. Büyük bir kapta tavuk ve soğutulmuş elma karışımını birleştirin. Sekiz parçaya bölün; her bir kısmı 2 inçlik bir köfte haline getirin.

3. Kömür ızgarasında veya gazlı ızgarada, tavuk köftelerini ve elma dilimlerini doğrudan orta ateşte ızgara ızgarasına yerleştirin. Örtün ve 10 dakika ızgara yapın, ızgaranın

ortasında bir kez çevirin. Escarole ekleyin, tarafı aşağı doğru kesin. Örtün ve 2 ila 4 dakika veya hindiba hafifçe kömürleşene, elmalar yumuşayana ve tavuk köfteleri pişene (165°F) kadar ızgara yapın.

4. Hindibayı kabaca doğrayın. Escarolü dört servis tabağına paylaştırın. Üzerine tavuk köftesi, elma dilimleri ve fındık serpin. Klasik Fransız salata sosu ile gezdirin.

*İpucu: Fındıkları kızartmak için fırını 350°F'ye ısıtın. Fıstıkları sığ bir fırın tepsisine tek kat halinde yayın. 8 ila 10 dakika veya ekmek hafifçe kızarana kadar pişirin, eşit kızartma için bir kez fırlatın. Fındıkları hafifçe soğutun. Sıcak fındıkları temiz bir mutfak havlusunun üzerine koyun; gevşek derileri çıkarmak için bir havluyla ovun.

LAHANA ŞERITLER ILE TOSKANA TAVUK ÇORBASI

HAZIRLIK:15 dakika pişirme: 20 dakika yapar: 4 ila 6 porsiyon

BIR KAŞIK PESTOFESLEĞEN VEYA ROKA SEÇIMINIZ BU BAHARATLI, TUZSUZ KÜMES HAYVANI ÇORBASINA HARIKA BIR LEZZET KATIYOR. LAHANA ŞERITLERINI PARLAK YEŞIL VE MÜMKÜN OLDUĞUNCA BESIN DOLU TUTMAK IÇIN, ONLARI SADECE SOLANA KADAR PIŞIRIN.

1 pound öğütülmüş tavuk
2 yemek kaşığı tuz eklemeden kümes hayvanı çeşnisi
1 çay kaşığı ince rendelenmiş limon kabuğu
1 kaşık zeytinyağı
1 bardak doğranmış soğan
½ su bardağı doğranmış havuç
1 su bardağı kıyılmış kereviz
4 diş sarımsak, dilimler halinde kesilmiş
4 su bardağı tavuk kemiği suyu (bkz.yemek tarifi) veya ilave tuz içermeyen tavuk suyu
1 14,5 ons Tuzsuz Kavrulmuş Domates, Süzülmemiş
1 demet Lacinato (Toskana) karalahana, sapları çıkarılmış, şeritler halinde kesilmiş
2 kaşık taze limon suyu
1 çay kaşığı kıyılmış taze kekik
Fesleğen veya roka pesto (bkz.tarifler)

1. Orta boy bir kapta, öğütülmüş tavuğu, kümes hayvanı çeşnisini ve limon kabuğu rendesini birleştirin. İyice karıştırın.

2. Zeytinyağını Hollandalı bir fırında orta ateşte ısıtın. Tavuk karışımı, soğan, havuç ve kerevizi ekleyin; 5 ila 8 dakika veya tavuk artık pembeleşene kadar pişirin, eti

parçalamak için tahta kaşıkla karıştırın ve pişirmenin son dakikasında sarımsak dişlerini ekleyin. Tavuk kemik suyu ve domatesleri ekleyin. kaynatın; ısıyı azaltın. Örtün ve 15 dakika pişirin. Lahana, limon suyu ve kekiği karıştırın. Yaklaşık 5 dakika veya lahana soluncaya kadar kapağı açık olarak pişirin.

3. Servis etmek için çorbayı servis kaselerine dökün ve üzerine fesleğen veya roka pesto serpin.

TAVUK LARB

HAZIRLIK:15 dakika pişirme: 8 dakika soğutma: 20 dakika üretim: 4 porsiyon

POPÜLER BIR TAYLAND YEMEĞININ BU VERSIYONUMARUL YAPRAKLARINDA SERVIS EDILEN SON DERECE AROMALI KIYILMIŞ TAVUK VE SEBZELER INANILMAZ DERECEDE HAFIF VE LEZZETLIDIR - GELENEKSEL OLARAK IÇERIK LISTESININ BIR PARÇASI OLAN ILAVE ŞEKER, TUZ VE (SODYUM ORANI ÇOK YÜKSEK) BALIK SOSU IÇERMEZ. SARIMSAK, THAI CHILIES, LIMON OTU, LIMON KABUĞU RENDESI, LIMON SUYU, NANE VE KIŞNIŞ ILE ONLARI ÖZLEYEMEZSINIZ.

1 yemek kaşığı rafine hindistan cevizi yağı

2 pound öğütülmüş tavuk (% 95 yağsız veya öğütülmüş göğüs)

8 ons düğme mantar, ince doğranmış

1 su bardağı ince kıyılmış kırmızı soğan

1 ila 2 Tayland biberi, tohumlanmış ve ince kıyılmış (bkz.uç)

2 kaşık kıyılmış sarımsak

2 yemek kaşığı ince kıyılmış limon otu*

¼ çay kaşığı öğütülmüş karanfil

¼ çay kaşığı karabiber

1 yemek kaşığı ince rendelenmiş kireç kabuğu

½ su bardağı taze limon suyu

⅓ fincan sıkıca paketlenmiş taze nane yaprakları, doğranmış

⅓ fincan sıkıca paketlenmiş taze kişniş, doğranmış

1 baş iceberg marul, yapraklara bölünmüş

1. Ekstra büyük bir tavada hindistancevizi yağını orta-yüksek ateşte ısıtın. Kıyılmış tavuk, mantar, soğan, kırmızı biber, sarımsak, limon otu, karanfil ve karabiber ekleyin. 8 ila 10 dakika veya tavuk tamamen pişene kadar pişirin, eti pişirirken parçalamak için bir tahta kaşıkla karıştırın. Gerekirse boşaltın. Tavuk karışımını ekstra geniş bir kaba

aktarın. Ara sıra karıştırarak yaklaşık 20 dakika veya oda sıcaklığından biraz daha sıcak olana kadar soğumaya bırakın.

2. Limon kabuğu rendesini, limon suyunu, naneyi ve kişnişini tavuğun içine karıştırın. Salata yapraklarında servis ediyoruz.

*İpucu: Limon otu hazırlamak için keskin bir bıçağa ihtiyacınız olacak. Gövdenin tabanındaki odunsu gövdeyi ve bitkinin tepesindeki sert yeşil bıçakları kesin. İki katı dış katmanı çıkarın. Yaklaşık 6 inç uzunluğunda ve soluk sarı-beyaz bir parça limon otunuz olmalıdır. Sapı yatay olarak ikiye bölün, ardından her bir yarıyı tekrar ikiye bölün. Her çeyrek sapı çok ince dilimleyin.

SZECHWAN KAJU SOSLU TAVUK BURGERLER

HAZIRLIK:30 dakika pişirme: 5 dakika ızgara: 14 dakika miktar: 4 porsiyon

ISITILARAK YAPILAN ACI BIBER YAĞIEZILMIŞ KIRMIZI BIBERLI ZEYTINYAĞI BAŞKA ŞEKILLERDE DE KULLANILABILIR. TAZE SEBZELERI SOTE ETMEK IÇIN KULLANIN VEYA FIRINLAMADAN ÖNCE ÜZERLERINE BIRAZ ACI BIBER YAĞI GEZDIRIN.

2 kaşık zeytinyağı
¼ çay kaşığı öğütülmüş kırmızı biber
2 su bardağı çiğ kavrulmuş kaju (bkz.uç)
¼ su bardağı zeytinyağı
½ su bardağı rendelenmiş kabak
¼ fincan ince kıyılmış frenk soğanı
2 diş sarımsak, kıyılmış
2 çay kaşığı ince rendelenmiş limon kabuğu
2 çay kaşığı rendelenmiş taze zencefil
1 pound öğütülmüş tavuk veya hindi göğsü

SZECHWAN KAJU SOSU

1 kaşık zeytinyağı
2 yemek kaşığı ince kıyılmış soğan
1 yemek kaşığı rendelenmiş taze zencefil
1 çay kaşığı Çin beş baharat tozu
1 çay kaşığı taze limon suyu
4 yeşil yaprak veya marul yaprağı

1. Acı yağ için küçük bir sos tavasında zeytinyağı ve toz kırmızıbiberi karıştırın. 5 dakika kısık ateşte ısıtın. Ateşten alın; soğumaya bırakın.

2. Kaju ezmesi için kajuları ve 1 yemek kaşığı zeytinyağını blenderdan geçirin. Örtün ve kremsi olana kadar

karıştırın, gerektiği kadar kenarları kazıyın ve ¼ fincan doluncaya ve tereyağı çok yumuşak olana kadar her seferinde 1 çorba kaşığı daha fazla zeytinyağı ekleyin; Bırakmak.

3. Büyük bir kapta kabak, frenk soğanı, sarımsak, limon kabuğu rendesi ve 2 çay kaşığı zencefili karıştırın. Kıyma tavuğu ekleyin; iyice karıştırın. Tavuk karışımını dört ½ inç kalınlığında köfteye şekillendirin.

4. Kömürlü veya gazlı ızgarada, köfteleri doğrudan orta ateşte yağlanmış bir ızgaraya yerleştirin. Örtün ve 14 ila 16 dakika veya bitene kadar (165°F) ızgara yapın, ızgaranın ortasında bir kez çevirin.

5. Bu sırada sos için küçük bir tavada zeytinyağını orta ateşte ısıtın. Soğan ve 1 yemek kaşığı zencefil ekleyin; 2 dakika veya soğan yumuşayana kadar kısık ateşte pişirin. ½ su bardağı kaju yağı (artık kaju yağını 1 haftaya kadar soğutun), kırmızı biber yağı, limon suyu ve beş baharat tozu ekleyin. 2 dakika daha pişirin. Ateşten alın.

6. Köfteleri marul yaprakları üzerinde servis edin. Sosun üzerine dökün.

HINDI TAVUK DÜRÜMLERI

HAZIRLIK:25 dakika bekleme: 15 dakika pişirme: 8 dakika Yapar: 4 ila 6 porsiyon

"BAHARAT", ARAPÇA'DA BASITÇE "BAHARAT" ANLAMINA GELIR.ORTA DOĞU MUTFAĞINDA ÇOK YÖNLÜ BIR BAHARAT, GENELLIKLE BALIK, KÜMES HAYVANLARI VE ET ÜZERINE SÜRÜLEREK VEYA ZEYTINYAĞI ILE KARIŞTIRILARAK SEBZE TURŞUSU OLARAK KULLANILIR. TARÇIN, KIMYON, KIŞNIŞ, KARANFIL VE KIRMIZI BIBER GIBI SICAK TATLI BAHARATLARIN BIRLEŞIMI ONU SON DERECE AROMATIK HALE GETIRIYOR. KURU NANE ILAVESI BIR TÜRK DOKUNUŞUDUR.

⅓ su bardağı doğranmış kükürtsüz kuru kayısı
⅓ su bardağı doğranmış kuru incir
1 yemek kaşığı rafine edilmemiş hindistancevizi yağı
1½ pound öğütülmüş tavuk göğsü
3 bardak doğranmış pırasa (sadece beyaz ve açık yeşil kısımlar) (3)
⅔ ince dilimlenmiş orta boy yeşil ve/veya kırmızı biber
2 yemek kaşığı Baharat biberi (bkz.yemek tarifi, altında)
2 diş sarımsak, kıyılmış
1 su bardağı doğranmış, çekirdeksiz domates (2 orta boy)
1 su bardağı doğranmış, çekirdeksiz salatalık (½ orta boy)
½ su bardağı kıyılmış, kabukları çıkarılmış, kavrulmuş tuzsuz antep fıstığı (bkz.uç)
¼ su bardağı kıyılmış taze nane
¼ su bardağı kıyılmış taze maydanoz
8 ila 12 büyük marul veya Bibb marul yaprağı

1. Kayısı ve incirleri küçük bir kaseye koyun. ⅔ bardak kaynar su ekleyin; 15 dakika bekletin. ½ su bardağı sıvıyı ayırarak süzün.

2. Bu arada, hindistancevizi yağını ekstra geniş bir tavada orta ateşte ısıtın. Kıyma tavuğu ekleyin; Et pişerken

parçalanması için tahta kaşıkla karıştırarak 3 dakika pişirin. Pırasa, tatlı biber, Baharat biberi ve sarımsağı ekleyin; yaklaşık 3 dakika veya tavuk bitene ve baharatlar yumuşayana kadar pişirin ve karıştırın. Kayısı, incir, ayrılmış sıvıyağ, domates ve salatalığı ekleyin. Yaklaşık 2 dakika veya domates ve salatalık parçalanmaya başlayana kadar pişirin ve karıştırın. Antep fıstığı, nane ve maydanozu karıştırın.

3. Tavuğu ve sebzeleri marul yapraklarında servis edin.

Baharat Baharatı: Küçük bir kapta 2 yemek kaşığı kırmızı biberi karıştırın; 1 kaşık karabiber; 2 çay kaşığı ince kıyılmış kuru nane; 2 çay kaşığı öğütülmüş kimyon; 2 çay kaşığı öğütülmüş kişniş; 2 çay kaşığı öğütülmüş tarçın; 2 çay kaşığı öğütülmüş karanfil; 1 çay kaşığı öğütülmüş hindistan cevizi; ve 1 çay kaşığı öğütülmüş kakule. Sıkıca kapatılmış bir kapta oda sıcaklığında saklayın. Yaklaşık ½ fincan yapar.

İSPANYOL CORNISH TAVUKLARI

HAZIRLIK:10 dakika pişirme: 30 dakika ızgara: 6 dakika Yapım: 2 ila 3 porsiyon

BU TARIF DAHA KOLAY OLAMAZDI- VE SONUÇLAR KESINLIKLE HARIKA. BOL MIKTARDA TÜTSÜLENMIŞ KIRMIZI BIBER, SARIMSAK VE LIMON BU KÜÇÜK KUŞLARA ÇOK FAZLA LEZZET VERIR.

2 1½ kiloluk Cornish tavuğu, donmuşsa çözülmüş
1 kaşık zeytinyağı
6 diş sarımsak, doğranmış
2 ila 3 kaşık füme tatlı biber
¼ ila ½ çay kaşığı acı biber (isteğe bağlı)
2 limon, dörde bölünmüş
2 yemek kaşığı kıyılmış taze maydanoz (isteğe bağlı)

1. Fırını 375°F'ye ısıtın. Tavukları dörde bölmek için mutfak makası veya keskin bir bıçak kullanarak dar omurganın her iki yanından kesin. Kuşu açın ve tavuğu sternum boyunca ikiye bölün. Uylukları göğüslerden ayıran deri ve eti keserek arka kısmı çıkarın. Kanat ve göğsü sağlam tutun. Cornish tavuğu parçalarını zeytinyağı ile ovun. Kıyılmış sarımsak serpin.

2. Tavuk parçalarını derisi yukarı gelecek şekilde ekstra geniş bir kızartma tavasına yerleştirin. Füme kırmızı biber ve acı biber serpin. Tavuğun üzerine çeyrek limon sıkın; limon çeyreklerini tavaya ekleyin. Tavuk parçalarını derili tarafı aşağı gelecek şekilde tavada çevirin. Örtün ve 30 dakika pişirin. Tavayı fırından çıkarın.

3. Izgarayı önceden ısıtın. Parçaları döndürmek için maşayı kullanın. Fırın standını ayarlayın. Cilt kızarana ve tavuk

pişene kadar (175 ° F) 6 ila 8 dakika ısıdan 4 ila 5 inç ızgara yapın. Pan suları ile gezdirin. İsterseniz maydanoz serpin.

ROKA, KAYISI VE REZENE SALATASI ILE ANTEP FISTIĞI KAVRULMUŞ CORNISH TAVUKLARI

HAZIRLIK:30 dakika soğuk: 2 ila 12 saat pişirme: 50 dakika ayakta: 10 dakika miktar: 8 porsiyon

FISTIKLI PESTO YAPTIMMAYDANOZ, KEKIK, SARIMSAK, PORTAKAL KABUĞU, PORTAKAL SUYU VE ZEYTINYAĞI ILE MARINE EDILMEDEN ÖNCE HER KUŞUN DERISININ ALTINA SIKIŞTIRILIR.

4 20 ila 24 onsluk Cornish tavukları

3 su bardağı çiğ fıstık

2 yemek kaşığı kıyılmış taze İtalyan (yassı) maydanoz

1 yemek kaşığı kıyılmış kekik

1 büyük diş sarımsak, kıyılmış

2 çay kaşığı ince rendelenmiş portakal kabuğu

2 yemek kaşığı taze portakal suyu

¾ su bardağı zeytinyağı

2 büyük soğan, ince dilimlenmiş

½ su bardağı taze portakal suyu

2 kaşık taze limon suyu

¼ çay kaşığı taze çekilmiş karabiber

¼ çay kaşığı kuru hardal

2 5 onsluk paket roka

1 büyük soğan, ince rendelenmiş

2 yemek kaşığı kıyılmış rezene yaprağı

4 kayısı, çekirdeksiz ve ince ay şeklinde doğranmış

1. Cornish tavuklarının iç boşluklarını yıkayın. Bacakları %100 pamuk mutfak ipi ile bağlayın. Kanatları gövdenin altına sokun; Bırakmak.

2. Antep fıstığı, maydanoz, kekik, sarımsak, portakal kabuğu rendesi ve portakal suyunu mutfak robotunda veya blenderda karıştırın. Kalın bir macun oluşana kadar işleyin. İşlemci çalışırken, yavaş ve sabit bir akışla ¼ fincan zeytinyağı ekleyin.

3. Bir cep oluşturmak için tavuğun göğüs tarafındaki deriyi parmaklarınızla gevşetin. Antep fıstığı karışımının dörtte birini derinin altına eşit şekilde yayın. Kalan tavuklar ve fıstık karışımı ile tekrarlayın. Pişirme kabının dibine dilimlenmiş soğanı yayın; tavuk göğsü tarafı yukarı gelecek şekilde soğanların üzerine yerleştirin. 2 ila 12 saat boyunca örtün ve soğutun.

4. Fırını 425°F'ye ısıtın. Tavukları 30 ila 35 dakika veya iç uyluk içine yerleştirilen anında okunan bir termometre 175 ° F'yi kaydedene kadar kızartın.

5. Bu sırada sos için portakal suyu, limon suyu, biber ve hardalı küçük bir kapta karıştırın. İyice karıştırın. Yavaş ve sabit bir akışla sürekli karıştırarak kalan ½ bardak zeytinyağını ekleyin.

6. Salata için geniş bir kapta roka, rezene, rezene yaprağı ve kayısıyı karıştırın. Sos ile hafifçe gezdirin; iyi atmak Ekstra pansumanı başka bir amaç için ayırın.

7. Tavukları fırından çıkarın; folyo ile gevşek bir şekilde çadırlayın ve 10 dakika bekletin. Servis yapmak için salatayı sekiz servis tabağına eşit olarak bölün. Tavukları uzunlamasına ikiye bölün; tavuk yarımlarını salataların üzerine yerleştirin. Hemen servis yapın.

NAR VE JICAMA SALATASI ILE ÖRDEK GÖĞSÜ

HAZIRLIK:15 dakika pişirme: 15 dakika miktar: 4 porsiyon

ELMAS DESEN KESMEÖRDEK GÖĞSÜNDEN ELDE EDILEN YAĞ, GARAM MASALA AROMALI GÖĞSÜ PIŞIRIRKEN YAĞIN YÜKSELMESINI SAĞLAR. DAMLAMALAR, JICAMA, NAR TANELERI, PORTAKAL SUYU VE ET SUYU ILE BIRLEŞTIRILIR VE HAFIFÇE SOLMAK IÇIN KIRMIZI BIBER ILE ATILIR.

4 kemiksiz misk ördeği göğsü (toplamda yaklaşık 1½ ila 2 pound)
1 yemek kaşığı garam masala
1 yemek kaşığı rafine edilmemiş hindistancevizi yağı
2 bardak doğranmış soyulmuş jicama
½ su bardağı nar taneleri
¼ su bardağı taze portakal suyu
¼ bardak sığır kemik suyu (bkz.yemek tarifi) veya ilave tuz içermeyen et suyu
3 su bardağı su teresi, sapları çıkarılmış
3 bardak yırtık friz ve/veya ince dilimlenmiş Belçika hindiba

1. Keskin bir bıçak kullanarak ördek göğsünün yağına 1 inç aralıklarla baklava desenli sığ kesikler yapın. Göğüs yarısının her iki tarafına garam masala serpin. Ekstra büyük bir tavayı orta ateşte ısıtın. Hindistan cevizi yağını sıcak bir tavada eritin. Göğüs yarımlarını deri tarafı aşağı gelecek şekilde tavaya yerleştirin. Çok çabuk kızarmamaya dikkat ederek (gerekirse ısıyı azaltın) derili tarafı alta gelecek şekilde 8 dakika pişirin. Ördek göğüslerini ters çevirin; 5 ila 6 dakika daha veya göğsün yarısına yerleştirilen anında okunan bir termometre orta için 145° F'yi kaydedene kadar pişirin. Göğüs yarımlarını çıkarın ve tavada süzün; sıcak tutmak için folyo ile örtün.

2. Pansuman için, pan damlamalarına jicama ekleyin; orta ateşte 2 dakika karıştırarak pişirin. Nar taneleri, portakal suyu ve dana kemik suyunu tavaya ekleyin. kaynatın; hemen ısıdan çıkarın.

3. Salata için su teresi ve frizi geniş bir kapta karıştırın. Sebzelerin üzerine sıcak sos dökün; bir ceket atmak için.

4. Salatayı dört tabağa bölün. Ördek göğsünü ince ince doğrayın ve salataların üzerine koyun.

www.ingramcontent.com/pod-product-compliance
Lightning Source LLC
Chambersburg PA
CBHW071236080526
44587CB00013BA/1642